위대한 정치인
3金

NANAM
나남출판

위대한 정치인, 3金

2021년 7월 17일 발행
2021년 8월 5일 2쇄

지은이   김인규
발행자   조완희
발행처   나남출판사
주소   10881 경기도 파주시 회동길 193, 4층(문발동)
전화   (031) 955-4601 (代)
FAX   (031) 955-4555
등록   제 406-2020-000055호 (2020.5.15)
홈페이지 http://www.nanam.net
전자우편 post@nanam.net

ISBN 979-11-974673-4-9
ISBN 979-11-971279-3-9 (세트)

이 책은 관훈클럽정신영기금의 도움을 받아 저술·출판되었습니다.

위대한 정치인
3金

김인규 지음

NANAM
나남출판

머리말

수원시 광교에 자리한 경기대학교 총장실 한 벽면에는 1980년과 1990년에 김영삼(金泳三), 김대중(金大中), 김종필(金鍾泌) 이른바 3김(3金)이 저자에게 써준 휘호가 나란히 걸려 있다. 총장실을 찾은 방문객들의 눈길을 끌 수밖에 없다.

그런데 나이가 지긋한 방문객들은, 그들이 한국인이건 외국인이건, 3金의 붓글씨가 한자리에 걸려 있다는 사실에 놀라는 동시에 말로만 듣던 3金의 작품을 보다니 신기하다며 기념사진으로 남기고 싶어 했다. 이에 반해 총장실을 방문한 대학생들은 단정하게 내걸린 서예 작품의 가치를 전혀 모를 뿐만 아니라 심지어 이 글을 쓴 3金이 누구냐고 묻는다. 하긴 이들 대부분이 태어나기 전에 저자가 받은 글이니 이런 질문이 당연하다.

그렇다면 대략 30~40년 차이로 이처럼 상반된 반응을 보이는 이유

2017.6.~2021.5. 경기대 총장실에 걸린 3金 휘호 (좌로부터 DJ, JP, YS).

는 무엇일까? 물론 나이 차이, 즉 세대 간의 격차 때문이리라 이해가
가면서도, 무언가 역사의 단절감을 느끼곤 했다.

　1920년대에 태어난 3金과, 그들이 우리나라 근현대사에서 1970년
부터 2000년대까지 정치의 전면에 나섰던 '3金 시대'를 오늘의 젊은이
들이 알지 못하는 것이 과연 온당한 일인지, 그리고 무언가 잘못된 것
이라면 누구의 책임인지를 언론인의 한 사람으로서 묻고 싶었다. 고
희(古稀)라는 나이가 들어서야 이런 의문을 갖게 되니 마음이 복잡미
묘하다.

　한마디로 살아오면서 맺은 인연(因緣)의 무거움과 역사의 귀중함
을 깨달은 후에야 이런 질문을 던지다니 만시지탄인지 모른다. 그러

나 '온고지신'(溫故知新) 의 참뜻을 후세에 전해야 한다는 소명감(召命感) 이 우러나왔다. 3金이 주도했던 과거의 정치를 어느 정도 이해해야 오늘의 정치나 정치 참여가 올바른 방향으로 나갈 수 있지 않을까? '옛것을 익히고 그것을 미루어서 새것을 알 수 있다'라는 삶의 지혜를 젊은 세대에게 전하고 싶은 마음이 간절했다.

우리나라 근현대 정치사의 큰 주역인 3金을 기술하기로 결심한 것은 나에게는 3金과 남다른 인연이 있으며, 그들의 진면목을 보여주어야겠다는 동기 때문이다.

첫째, 앞서 소개한 대로 저자처럼 3金 모두에게서 그들이 직접 써 준 휘호를 받아 제대로 보관하고 있는 경우는 매우 보기 드물다.

둘째, 저자는 1979년부터 KBS 정치부 기자, 정치부장, 보도국장, 사장으로 재직할 때까지 30여 년, 세 사람을 직접 취재하거나 이들과 교류하면서, 3金의 정치 행태(行態) 를 가까이 지켜보고, 이를 수많은 기록으로 남겼다. 정치부 기자로서 남긴 취재수첩 30권과 데스크로서 남긴 다이어리 일기장 40여 권을 지금까지 보관해 온 것도 큰 인연이다.

셋째로 민주화 투사로서 제 14대, 15대 대통령인 YS와 DJ는 물론, 대한민국 격동기에 두 차례나 국무총리를 역임한 9선 의원 JP까지, 그들은 우리나라 근현대 정치사에 엄청난 영향을 미쳤다. 세 사람 모두 그 시대의 영웅(英雄) 이라고 할 수는 없겠지만 많은 국민들이 존경하는 위인(偉人), 한 시대를 풍미한 큰 인물, 한마디로 위대한 사람 (great man)이라고 부를 만한 인물임에는 틀림없다. 그럼에도 불구하고 그들이 한국 근현대 정치사에서 차지한 위상에 걸맞은 평가도 받지 못하고 오늘날의 많은 청년들이 그 존재조차 제대로 모르는 채 잊히고 있다는 사실이 아쉬웠다.

여러 선진국에서는 역사 교과서를 제작하는 과정에서 근현대사 부분은 당대의 언론인이 집필하는 경우가 많다고 한다. 언론인이 직업의 특성상 어느 다른 분야 종사자보다 객관성과 중립성에 관한 훈련을 잘 받아 왔기 때문이다. 만약 우리나라에서도 근현대사 집필을 당시 현장에서 활약했던 언론인들에게 맡긴다면, 오늘날과 같은 '역사 교과서 논란'도 잠재우지 않을까 생각한다.

이런 맥락에서 저자는 언론인으로서 3金 세 사람에 관련해 이들의 주요한 정치 행적을 비롯해 성격과 취향 등을 객관적으로 기술함으로써, 과연 이들이 정치 분야의 위인, 즉 '위대한 정치인'(政治人)으로 평가받을 만한 인물인지를 파헤쳐 보려고 한다.

주로 세상에 알려지지 않은 숨은 얘깃거리를 저자의 기자수첩과 다이어리에 남겼던 기록들을 근거 삼아 가급적 있는 그대로 기술하고자 노력했다. 그러나 비록 고인에 대한 기록이라고는 하지만 특정인의 명예를 심각하게 훼손하거나, 아직도 공개하기에 민감한 외교 비사(祕史)에 관한 내용은 고심 끝에 집필과정에서 삭제했다.

다만 야당 출입 기자로서 만난 YS와 DJ 양김(兩金)에 관한 기록과 자료는 풍부한 데 비해, JP에 관한 기록은 부족하여 그가 남긴 《JP 화첩》을 통해 생전의 관심사와 인생관을 역추적해 그의 인간적 면모를 그렸다.

끝으로 3金의 파란만장한 생애와 업적을 기리고 있는 김영삼대통 령기록전시관과 김대중평화센터, JP의 '운정'(雲庭) 재단에서 많은 도 움을 받았다. 수십 년 전 기억을 더듬어 가며 원고를 써준 '디지털 저 널리즘 연구소' 언론인들, 고령임에도 불구하고 자신들이 모신 3金에

1979.10.17.~2012.11.23. 저자의 취재수첩 30권과 다이어리 48권.

관한 귀중한 글을 보내주신 김덕룡, 한화갑, 조용직 전 의원들, 멋진 책을 만들어주신 조상호 대표 등 나남출판 관계자, 출판을 지원해준 관훈클럽정신영기금과 관계자들께도 머리 숙여 감사드린다.

아울러 주로 새벽 시간 틈틈이 작성한 원고 내용을 평범한 주부 입장에서 꼼꼼하게 점검해준 아내에게 감사한 마음이다.

2021년 6월

金仁圭

10

차례

제 2 부   인간적인, 너무나 인간적인

제1부

한국 현대사의 거목,
3金

제 1장

3金 시대의 개막

'40대 기수론'과 '양김'(兩金)

1971년 제 7대 대통령 선거를 앞두고 1969년 11월 8일, 신민당 후보 경선에서 당시 43세인 김영삼(金泳三) 신민당 의원이 야당 대통령 후보의 조건과 자격의 하나로, 국민에게 활기 있는 이미지를 심어주기 위해서는 '40대 기수'가 나서야 한다고 주창했다. 이에 가세하여 당시 46세인 김대중(金大中) 의원과 48세의 이철승 의원도 뒤따라 출마를 선언함으로써, 야당의 대통령 후보 지명전은 '40대 기수' 3파전으로 압축되었다. 1차 투표에서는 김영삼 의원이 최다득표를 얻었으나, 2차 투표에서 김대중 의원이 대통령 후보로 지명됐다.

이때부터 김영삼, 김대중 두 사람은 우리나라 정치사에서 끊임없이 치열하게 경쟁하며 이른바 兩金 체제로 야권을 양분했다. 특히 두 사람의 고향인 경남 거제와 전남 신안을 중심으로 경남과 호남이라는 지역 간의 세력 대결로 고착되더니, 두 사람을 중심으로 한 세력은 그들의 주소지를 기준으로 '상도동계'와 '동교동계'로 불렸다. 두 사람 兩金은 '40대 기수론'을 주창한 지, 20여 년 만인 1992년과 1997년 각각 제14대와 제15대 대통령 선거에서 당선되어 대권의 꿈을 이뤘다.

김영삼 제14대 대통령은 1927년 거제에서 태어나, 1945년 서울대 문리과대학 철학과에 입학했으며, 1951년 장택상(張澤相) 국회부의장 비서관으로 정계에 입문한 뒤, 1954년 3대 민의원으로 당선되었다. 이어서 5, 6, 7, 8, 9, 10, 13, 14대 등 9선으로 우리나라 정치인 가운데 최다선 의원이라는 기록을 세우며 38년간 의정 활동을 했다.

민주화운동에 앞장섰던 야당 투사 YS는 1969년 당시 신민당 원내총무 시절, 신원이 알려지지 않은 청년들에게 탑승 차량에 '초산 투척 테러'를 당하기도 했다. 신민당 총재로서 1980년 5월 20일부터 1년, 1982년 5월 31일부터 1년 등 두 차례 상도동에서 가택연금을 당했으며, 1983년 5월 18일부터는 23일간 단식투쟁을 벌이기도 했다.

YS는 1990년 3당 합당을 통해 여당 대표로 변신한 뒤, 마침내 1992년 제14대 대통령 선거에서 당선되어 3金 가운데 제일 먼저 대통령의 꿈을 이뤘다. 그리고 2015년 향년 88세로 생을 마감했다.

김대중 15대 대통령은 1924년 전남 신안군 하의면 후광리에서 태어나, 1960년 5대 민의원으로 당선된 뒤, 6, 7, 8, 13, 14대 등 6선 의원으로 활동하는 동안 민주화 투쟁의 선봉장으로서 파란만장한 삶을 살았다. 특히 DJ는 세 차례에 걸쳐 죽을 고비를 간신히 넘겼는데 이는 자신에게 살아남아 나라와 국민을 위해 나머지 인생을 헌신하라고 한 하느님의 뜻이라고 여러 차례 역설했다. 그는 6·25 전쟁 당시 인민군에게 체포되어 목포형무소에서 총살형을 당하기 일보 직전에 살아났다. 1971년 5월 제8대 총선 당시에는 무안에서 목포로 지원 유세를 가던 중 13톤 화물트럭에 의해 '의문의 교통사고'를 당했다. 1973년 8월에는 일본 도쿄에서 피랍되었다가 바다에 수장당할 뻔했다. DJ는 세 차례에 걸쳐 죽을 고비를 간신히 넘겼다고 연설이나 기자회견 등 기회가 있을 때마다 거듭 주장했다.

이와 함께 1976년 3월 '3·1 민주구국선언'으로 구속수감 후 2년 10개월, 1980년 8월 '내란음모 사건'으로 군 교도소에 수감되어 사형까지 선고받고 2년 4개월의 옥고를 치르는가 하면, 1978년 12월 가택연금 1년 등 모두 동교동에 가택연금을 55회나 당했다고 주장했다.

DJ는 드디어 1997년 12월 YS 뒤를 이어 제15대 대통령 선거에서 당선됨으로써 인동초(忍冬草)답게 그의 오랜 꿈을 이루고, 2009년 향년 85세로 생을 마감했다.

JP 등장과 3金 시대의 서막

1961년 5·16 군사쿠데타를 계기로 또 한 사람의 金씨가 정계에 뛰어
드니 다름 아닌 김종필(金鍾泌) 9선 의원이다. 영호남의 가장 대표적
인 정치인 兩金에, 충청권을 대표하는 정치인으로 JP가 등장함으로
써 이른바 3金 시대를 예고했다. 저자의 기록에 따르면 우리나라 정
치사에서 3金 시대는 1979년부터 2004년까지 세 차례나 열린다.

  우리 정치사에 대표적인 '풍운아'로 꼽히는 김종필 씨는 1926년 을
축년(乙丑年) 1월 7일 충남 부여군 외산면 반교리에서 태어났다. JP
는 훗날 1972년 〈방목〉(放牧)이라는 그림을 그리며, "소띠라서가 아
니다. 내가 소를 좋아하는 이유가 따로 있다. 소는 사람을 위해 묵묵
히 힘든 일을 다 하지만, 죽어서도 사람을 위해 살과 뼈, 가죽, 뿔,
발톱에 이르기까지 모든 것을 다 바친다. 소처럼 일하다가 소처럼 죽
을 수 있는 인생이라면 여한도 없을 것이라고 생각해 본다"라고 주석
을 달 정도로 자신이 소띠로 태어남에 남다른 의미를 부여했다.

  JP는 대전사범학교를 졸업한 뒤 육사 8기를 끝마치고 군에 복무했
다. 5·16 군사쿠데타에 참여한 이후 1961년 초대 중앙정보부장을 역
임했고 1963년 6대 국회의원에 당선되어 공화당 의장까지 맡았었다.
그러나 '김종필-오히라 메모'의 책임을 지고 외유의 길에 올랐고,
1968년에는 권력 투쟁에서 밀리며 모든 공직에서 사퇴까지 했다. 그
후 JP는 공화당 부총재로 1971년 8대 의원에 당선되면서 정계에 복귀

해 그해 6월부터 1975년 12월까지 11대 국무총리로서 4년 반이라는 오랜 기간 동안 재임했지만, 박정희 대통령과의 갈등으로 정계에서 은퇴하는 파란을 겪었다. 그러나 그동안 박정희 대통령의 그늘에 가려졌던 2인자 JP가 1979년 10·26 사태 이후 공화당 총재로 다시 정계에 복귀함으로써 한국 정치사에 3金 시대가 막을 올렸다.

1980년 3金이 민주화를 향해 동분서주하며 정국을 주도했지만 '서울의 봄'은 5월 17일 밤 신군부에 의해 무참히 짓밟혔다. 사회혼란 조성과 부정축재 혐의로 각각 DJ와 JP가 구금되고, YS는 가택연금되면서 첫 번째 3金 시대는 일단 막을 내린 듯 보였다.

7년이 지난 1987년 12월, 제13대 대통령 선거에서 당시 집권당인 민주정의당의 노태우 후보와 3金이 일전을 겨룬 결과 3金이 모두 패했지만, 1988년 4월에 실시된 제13대 총선을 통해 DJ의 평화민주당이 70석, YS의 통일민주당이 59석, JP의 신민주공화당이 35석을 확보했다. 3金 시대가 부활한 것이다. 13대 국회에서 '5공 청산', '광주특위' 청문회 등을 개최했다.

1990년 1월 당시 집권당인 민정당과 야당인 YS의 통일민주당, JP의 신민주공화당이 '3당 합당'을 하면서 3金 시대는 다시 잠시 막을 내렸다.

5년 뒤 1995년 JP가 당시 집권당인 '민주자유당' 대표직에서 사퇴하

1989년 3金 회동, 좌로부터 통일민주당 YS, 평화민주당 DJ, 신민주공화당 JP 총재.
© 연합뉴스

고 '자유민주연합'(약칭 자민련) 을 창당하며 자민련 총재로 추대됨으로써, 세 번째 3金 시대를 맞으며 제15대 총선에서 격돌하게 되었다.

그러나 1997년 제15대 대통령 선거에 도전했던 JP가 선거 막바지에 이른바 'DJP 연합'을 통해 DJ의 대통령 당선을 돕고, 31대 국무총리까지 역임했다. 2004년 4월 19일 JP가 자민련 총재직 사퇴와 함께 정계 은퇴를 선언함으로써, YS, DJ, JP가 주도한 3金 시대는 한국 정치사에서 완전히 막을 내렸다.

제 2장

3金과 첫 만남

YS와 첫 만남　　　　　1979년 10월 17일, 마포 신민당사 총재실

1973년 KBS 1기생으로 입사한 뒤 외신부, 청주방송국, 사회부 등을
거쳐 6년 만인 1979년 10월 12일 정치부로 발령을 받았다. 햇병아리
정치부 기자로 부임하자마자, 당시 야당인 신민당의 마포 당사의 출
입을 명받았다.

　정확히 8일 전인 10월 4일 국회에서 신민당 김영삼 총재의 국회의
원직 제명안이 날치기 통과되는 일이 벌어졌었다. 우리나라 역사상
최초로 야당 총재가 의원직에서 제명된 사건이었다. 이로 말미암아
국회에서는 연일 날치기 의원직 제명을 성토하는 목소리가 이어지고
있었다.

10월 16일부터 부산에서 민주항쟁 시위가 가열되기 시작했다. 다음 날인 17일 수요일 오전 10시 마포 신민당사 총재실에서 김 총재가 박영록, 이기택 부총재에게 보고를 받은 후 18명의 조사단을 현지에 파견하기로 했다고 발표할 때, YS를 처음으로 대면하게 되었다. 미확인이었지만 4명이 사망하고, 500여 명의 학생이 연행되고, 차량 서너 대가 파손되는 등 4·19혁명 당시와 비슷한 상황이라는 보고가 이어졌다. 차분함을 잃지 않으려는 YS의 얼굴에서 비장한 기운을 엿볼 수 있었다.

YS를 처음으로 만난 그날 밤 공교롭게도 야간 당직을 맡게 되었다. KBS 보도국에서 야근하던 중, 밤 10시 50분 중앙청 공보관에게서 곧 중대발표가 있을 것이라는 긴급연락을 받았다. 데스크에 즉각 통보하자 "카메라취재부에 연락하고 녹음기를 들고 쫓아나가!"라는 다급한 불호령이 떨어졌다. 비록 신참(新參) 기자이지만 부산과 마산지역의 소요사태로 정국이 매우 불안정한 때라 무언가 좋지 않은 예감에 신경이 곤두섰다.

밤 11시 20분 타사(他社) 기자들보다 비교적 빨리 중앙청 기자실에 도착했다. 밤 11시 30분 임시국무회의가 시작됐다는 소식이 전해지자 순식간에 곳곳에서 전화통이 울리는 등 썰렁했던 기자실이 술렁이기 시작했다. 나도 모르게 회사 직통전화를 잡고 이곳 상황을 보고했는데, 사건기자로서 쌓았던 몇 년간의 경험은 어디로 날아갔는지 보고 내용이 전혀 앞뒤가 맞지 않는 느낌이었다.

11시 30분 김성진 당시 문화공보부 장관이 굳은 얼굴로 들어오더니 "부산에 비상계엄령을 선포한다"라고 발표했다. 앞자리에 앉아 있다가 무의식중에 소형녹음기를 김 장관 입 앞에 과감히 들이댔다. 저자를 비롯한 모든 기자가 톱뉴스를 취재 보도하느라 그날 밤을 새웠다.

다음 날 아침 조간신문을 보고 깜짝 놀라지 않을 수 없었다. 〈한국일보〉 1면에 녹음기를 들고 있는 저자의 모습이 김 장관과 나란히 대문짝만하게 실린 것이 아닌가. 아침에 출근하는 정치부 선배들은 한결같이 밤새 수고했다는 말과 함께 "방송기자가 신문에 너무 세게 신고한 것 아니냐?"며 격려를 아끼지 않았다.

야근으로 밤을 새웠지만 쉴 틈도 없이 곧바로 부산사태 진상조사단 확대 간부회의를 취재하기 위해 마포 신민당사로 달려갔다. 이날 회의에서 신민당은 "어찌하여 계엄령이 선포되었는지 의아하게 생각하는 온 국민과 함께 정확한 진상 파악을 위한 공정한 보도가 필요하다"라고 밝히고, "정부는 이번 부산 유혈사태 원인에 대해 깊이 반성하고 책임을 통감하여 젊은 학생들의 호소를 겸허하게 받아들이고, 하루빨리 계엄 조처를 해제하라"라는 성명서를 채택하며, 김영삼 총재와 함께 내일 오전 1차 조사단을 출발시키기로 했다. 이날 마포 신민당사 주위에는 혹시 부산지역 학생들이 신민당사를 찾을지도 모른다는 정보에 따라 사복 경찰 100여 명이 대기하는 등 온종일 긴장감이 감돌았다.

부산 비상계엄령 선포 당시 〈한국일보〉 1면에 김성진 장관과 나란히 실린 저자의 모습.

    결과적으로 보면, 8월 9일부터 11일까지 마포 신민당사에서 농성한
YH 여성 노동자 200여 명과 신민당원에 대한 무차별 폭행 및 강제연
행 사건을 시발점으로, 법원의 '김영삼 신민당 총재 직무정지 가처분'
결정, 국회의 김영삼 총재 의원직 제명안 날치기 통과 등 유신정권의
무리한 야당 탄압이 부마 민주항쟁으로 번졌다. 그리고 마침내 '10·
26 사태'로 이어지는 정치적 격동기로 접어들었다.

DJ와 첫 만남 1979년 12월 8일 자정, 동교동 자택

당시 KBS 정치부에는 야당을 취재하는 기자가 두 명이었고, 이른바
'1진'인 선배 기자가 상도동을, 2진 기자가 동교동을 담당하기로 되어
있어서, 초년병인 저자는 오전에는 마포 신민당사를 취재한 뒤, 오후
에는 이기택 의원의 '민주사상(民主思想) 연구회'를 비롯해서 신도환
의원의 '신우회'(新友會), 소석(素石) 이철승 의원의 '한국정책연구
회', 조윤형 의원의 '자주(自主) 구락부', 고흥문 의원의 '민주정경(民
主政經) 연구회' 등 비주류 의원들의 개인 사무실을 돌며 야당 정치인
들의 다양한 목소리를 취재했다.

다만 야당 정치인이자 재야인사의 대표인 DJ는 '3·1 민주구국선
언'으로 1976년부터 옥고를 치른 뒤 가택연금 상태라서 동교동 자체
를 취재하지 못하고 있었다. 그러다 박정희 대통령이 시해당한 1979
년 10·26 사태로 긴급조치 9호가 해제되면서, 1979년 12월 8일 토
요일 가택연금 또한 해제됨으로서 DJ와 첫 만남이 이뤄졌다.

12월 7일 밤 동교동 DJ 자택 정문 앞에 미국 AP통신을 비롯해 일본
NTV 등 30여 명의 외신기자를 포함한 50여 명의 취재기자가 진을 치
고 있었다. 12월 8일 정각 0시가 되자 기자들은 한꺼번에 DJ 자택 안
으로 뛰어 들어가는 등 뜨거운 취재 경쟁을 벌였다.

입추의 여지도 없이 응접실을 가득 메운 내·외신 기자들에게 DJ

1979.12.8. 연금 해제 소식에 기뻐하는 DJ 부부.   © 김대중평화센터

는 먼저 "나의 건강은 대단히 좋으며, 정부는 긴급조치 해제로 유신체
제에서 정신적으로 상처받은 사람들이 복권, 복직, 복교되도록 조치
해 주기를 바란다"라고 말문을 열었다. 특히 DJ는 연금 해제와 관련
한 기자회견을 다음 날 오전 9시에 갖겠다고 예고하면서도, "그동안
아내와 비서 심지어는 가사 '도우미'까지 미행하는 데 분노하지 않을
수 없었다. 이웃 사람들이 이사 가게 만들어 고통이 심했다. 차라리
나를 감옥으로 보내주기를 바란 적도 있다"고 가택연금에 대한 심정
을 토로한 뒤, 앞으로 김영삼 총재와 손잡고 함께 일해 나가겠다고 다
짐했다.

　다음 날인 12월 9일 일요일 오전 9시 동교동 자택에서 열린 공식 기

자회견에서 DJ는 연금 해제에 따른 개인 입장을 밝히고, '연내 헌법 개정과 대통령 선거 등 조속한 민주정부 수립의 절차를 국민 앞에 명확히 밝혀줄 것' 등 정부에 요망하는 다섯 가지를 제시했다. 오랜 가택연금으로 갇혀 있었던 DJ가 1980년 '민주화의 봄'을 향해서 본격적인 정치 활동을 시작한 것이다.

JP와 첫 만남   **1979년 11월 17일, 신민당 총재실**

야당을 출입했던 저자에게 1979년 당시 집권당인 민주공화당의 5선 의원이었던 JP를 취재할 기회가 주어지지 않았다. 그러던 차에 며칠 전에 민주공화당 총재로 선출된 JP가 11월 17일 마포 신민당사로 YS를 인사차 방문하기로 했다. 저자로서는 JP를 처음 보는 기회이자 동시에 한국 정치의 역사적인 이 순간을 현장에서 목격할 수 있는 기회였기 때문에 당시 회동을 취재수첩에 상세하게 기록했었다.

11월 17일 토요일 오전 10시, 신민당사 총재 회의실에 정무위원들과 함께 앉아 있던 YS가 신형식 공화당 사무총장과 함께 예방한 JP에게 먼저 "축하합니다"라고 인사를 건네자, JP는 "제일 먼저 축하해 주셔서 감사합니다"라고 답례했다. 이어서 두 사람은 악수하는 모습으로 사진 기자들을 위해 포즈를 취했다.

건강을 비롯한 여러 주제로 서로 덕담을 잠시 나눈 뒤, JP가 "박정

1979.11.17. 마포 신민당사로 총재 YS를 방문한 공화당 총재 JP (중앙에 취재하는 저자).

희 대통령의 국장(國葬)에 애도를 표해 주셔서 감사하고, 덕분에 국
립묘지에 안장할 수 있어서 더욱 고맙다"라고 정중하게 감사하다는
뜻을 전했다.

JP의 발언에 YS는 기다렸다는 듯, "김종필 총재가 정치력을 발휘할
때가 왔다"며 평화적 정권교체를 위한 헌법 개정과 대통령 선거의 조
기 실시 등을 요구했다. JP는 '과도정부가 필요하다. 과도정부는 국
민이 원하는 헌법 개정과 이에 따른 공명선거를 통해 제 4공화국을 출
범시켜야 한다는 전제 아래, 여야는 바른 헌법을 만드는 데 충분히 의
사를 반영해야 한다. 앞으로 어떤 일이든지 상의하고 토론하고 시시
비비를 가리면서 국정을 펴 나가자'고 장황하게 여야 협력의 필요성을

강조했다.

　YS와 JP 두 사람의 30분간의 실제 요담이 끝난 뒤, 박권흠 신민당 대변인은 "두 사람이 평화적 정권교체의 전통을 세우기 위해 다 같이 노력하고, '헌법개정특별위원회'를 통해 앞으로 몇백 년 갈 수 있는 헌법을 만들자"는 등을 포함해 3개항에 합의했다고 발표했다.

　비록 짧은 시간이었지만 한국정치사상 여당 총재가 야당 총재를 찾아와 요담하기는 처음 있는 일이라는 기록을 남겼다. 야당 취재기자였던 저자에게는 여당 총재인 JP를 처음으로 가까이에서 만날 수 있었다는 점에서 특별한 기억으로 남았다.

3金과 '서울의 봄'

꽃 피우지 못한 '서울의 봄'

1979년 10월 26일 이른바 '10·26 사태'로 18년간 장기 집권하던 박정희 대통령이 피살되면서 유신체제가 무너졌다. 3金을 필두로 민주화를 향한 국민들의 열망이 폭발하기 시작했다.

그러나 국민들의 기대와는 정반대로 신군부는 12·12 사태를 일으켰고, 1980년 5월 17일 비상계엄을 전국으로 확대하면서 3金을 구금·연금했다. 이뿐만 아니라 광주에서는 5월 18일부터 민주화운동을 펼친 시민들을 계엄군이 무차별 학살하는 사건까지 발생함으로써 모처럼 맞은 '서울의 봄'은 허무하게 막을 내렸다.

'서울의 봄'이란 1979년 10월 26일부터 1980년 5월 17일까지 약 6

개월간의 정치적 과도기를 일컫는다. 1968년 체코슬로바키아의 민주화운동인 '프라하의 봄'에 비유한 표현으로, 언론에서 처음 쓰기 시작하여 널리 통용됐다.

'서울의 봄'은 1979년 박정희 유신정권이 10·26 사태로 종말을 고하면서 비롯되었다. 당시 최규하 국무총리가 대통령 권한대행으로 비상국무회의를 소집해 제주도를 제외한 전국에 비상계엄령을 선포했다. 11월 6일에는 '시국에 관한 담화'를 통해 '유신헌법에 따라 대통령을 선출한 뒤 빠른 시일 내에 헌법을 개정하고 대통령 선거를 치르겠다'는 등 민주화 일정을 밝혔다.

실제로 12월 6일 통일주체국민회의에서 대통령으로 선출된 최규하 10대 대통령은 자신이 약속한 민주화 일정을 행동으로 옮겨 나갔다. 첫 번째 가시적 조처로 곧바로 긴급조치 9호를 해제한 뒤 12월 8일 동교동 자택에서 가택연금 중이던 재야인사 김대중에 대한 연금을 풀어주었다. 이로써 이미 신민당 총재였던 YS와 11월 12일 집권당인 민주공화당 총재로 선출된 JP에 이어, 재야인사 DJ까지 정치 활동을 재개하여 '3金 시대'의 막이 올랐다.

그런데 1980년 3월 1일부터 DJ가 사면 복권되면서 정치적 활동을 본격화했다는 점에서, '진정한 서울의 봄'은 계절적으로도 봄에 걸맞은 3월 1일부터 5월 17일까지, 2개월 보름에 불과할 정도로 짧았다.

3金을 중심으로 본 '서울의 봄' 4개월을 심층 분석하기 위해 당시 상

황을 낱낱이 기록한 저자의 취재수첩을 바탕으로 하되, 그 양이 너무 많아서 신민당을 중심으로 한 YS 관련 일정과 동교동을 중심으로 한 DJ 동향, 그리고 YS와 DJ 두 사람이 만나는 이른바 兩金 회담으로 나누기로 했다.

각자 차기 정부의 대통령을 꿈꾸었던 3金은 '서울의 봄' 기간에 각각 무슨 활동을 했고, 국민적 관심사였던 兩金의 대통령 후보단일화를 위해 어떤 노력을 기울였는지 돌아보겠다. 또 학생 시위를 명분으로 삼은 신군부의 5·17 비상계엄 전국 확대 등 정치적 개입 가능성을 어느 정도 예상하고 어떻게 대처했는지 등을 그들의 일정과 발언 등을 통해 알아보려고 한다.

다만 야당을 취재했던 저자는 신민당 총재 YS와 재야인사 DJ를 밀착 취재하여 수많은 기록을 남기고 보관했으나, 여당인 공화당 총재 JP에 대해서는 취재 기록이 거의 없었다. 결과적으로 兩金을 중심으로 민주화를 향한 '서울의 봄'에 초점을 맞추었다는 점에 대해서 독자들의 양해를 구한다.

서울의 봄_1. 서막 1979.12.8.~1980.3.1.

신민당 총재 YS

1979.12.10. (월) 09:30 이규현 대통령 비서실장의 예방을 받고, 중립적 인사로 신현확 국무총리 인준을 요청한 데 대해 당내 토론을 거쳐 표결참여 여부를 결정하기로 했다. 그리고 "최규하 대통령은 자신이 약속한 민주화 계획에 대한 국민의 기대와 신뢰를 저버릴 때 국가적 불행과 역사적 비극을 초래할 것이므로, 민주화 일정을 차질 없이 진행해야 하며, 선거 내각의 성격을 띠고 있는 만큼 내무, 법무, 재무, 상공, 기획원 등의 장관에는 공화당 당직자 출신 인물을 절대로 기용하면 안 된다"라고 경고했다.

이날 YS는 오찬 기자회견에서 "내년 가을 총선을 낙관하며 군의 정치적 중립을 확실하게 믿어도 된다. 검열에서 JP 기자회견은 살고, YS 기자회견은 잘리는 것을 대변인이 항의해야 한다. 지금 대통령 선거를 하면 신민당이 65~70% 득표할 듯하고, 국민적 관심사가 YS 대 DJ 관계로 쏠리는데, DJ와는 둘이서 충분히 얘기할 수 있는 사이로 경쟁상대로 생각해서는 안 된다. 서로 칭호까지도 동지나 총재로 부르며, 누가 대통령 후보가 되려고 경쟁하기보다는 서로 나가라며 손잡고 협력체제를 이룰 가능성이 크다"며 정치 현안 전반에 관한 생각을 밝혔다.

1979.12.12. (수) 10:25 YS가 주재한 신민당 의원총회에서 '신현확 국무총리 인준에 전원 불참'하기로 결정하고 오후 국회 본회의에 양일동 총재가 이끄는 민주통일당과 함께 불참했으나, 총리 임명동의안은 재석의원 143명 중 찬성 143표로 가결됨.

1979.12.12. (수) 19:40 ~ 12.13. (목) 02:30 한남동 소요사태로 철야 근무하며 상황을 기록했다. '19:40 한남동 정승화 대장(참모총장) 공관에 헌병 차량(해병 15명) 진입'부터 '02:30 제10여단장이 기갑 앞세우고 천호동으로 Seoul 진입'까지 19개의 메모를 남겼다.

1979.12.14. (금) 21:30 진의종 의원이 상도동 자택으로 YS를 방문해, 보사부(보건사회부) 장관으로 임명받았는데 미리 상의하지 못해 미안하게 됐다며 사과하고 신민당 탈당계를 제출했다.

1979.12.18. (화) 12:00 오찬 간담회에서 YS가 "12·12 사태로 국민이 무엇보다 바라는 것이 군(軍)의 안정과 중립, 민주회복이다. 현재 군이 터를 완전히 잡은 것 같다. 정규 육사와 비육사의 대립이 있는데, 바로 이웃집에 사는 이희성 육군 참모총장이 청렴한 성격의 소유자이므로 이 상태로 그대로 굳어질 것으로 본다. 다시는 이와 비슷한 일이 있어서는 안 된다"라고 말했다. 바로 이웃집에 산다는 이희성 대장은 육사 8기로, 당시 육군 참모차장으로 재직하다 10·26 사태 이후 김

1979년 12 · 12 사태의 급박했던 상황을 기록한 저자의 취재수첩.

재규 후임으로 중앙정보부장 서리에 이어 정승화 후임으로 육군 참모총장 겸 계엄사령관으로 영전한 인물이다. 훗날 5·18 광주 민주화운동 진압을 주도한 뒤 교통부 장관까지 역임했다.

YS는 기자회견 중 '오프더레코드'(*off the record*)를 걸고 "군부의 숙군(肅軍)이 3년 정도 앞당겨질 것으로 본다. 야당도 군 내부를 잘 파악해야 한다. 이번 거사는 반민주적 의도를 가진 것 아니냐는 걱정은 안 해도 된다. 앞으로 하극상은 없어야 하며, 이번 사태는 숙명적으로 올 사태가 앞당겨졌을 뿐이다. 정규 육사생도들은 달리 생각해야 한다. 4년 동안 기상·취침시간까지 일정하게 교육받은 자로 단순하고 교과서식으로 사고를 하지만, 군의 사명과 민주주의도 잘 알고 있어 정치발전 일정에 차질이 없을 것으로 믿는다"고 말하는 등 이웃집 이희성 대장을 과신하면서 12·12 사태에 따른 향후 정국에 대해 지나치게 낙관적으로 전망했다.

1979.12.20. (목) 15:00 글라이스틴 주한 미국 대사의 예방을 받고 환담하는 자리에서, 12·12 사태에 대한 미국의 입장을 설명하려던 글라이스틴 대사가 주변을 보며 머뭇거렸다. 이를 본 YS의 제의로 장소를 공개된 총재실에서 밀실로 옮겨 1시간 30분 동안 요담이 계속되면서 취재기자들이 한때 긴장했다. 그러나 정재원 대변인은 "두 사람은 당면한 시국문제 전반에 관해 광범위하게 의견을 교환했고, 한미 관계의 관심사에 대한 폭넓은 의견 개진이 있었다"라고 회담 결과를 짧

막하게 발표했다.

1979.12.21. (금) 08:00   최광수 대통령 비서실장의 예방을 받고 환담하면서, YS가 "과도기는 짧을수록 나라의 안정에 도움이 된다는 것이 신민당의 기본입장이다. 민주화 작업은 단시일 내 이뤄지는 것이 바람직하다"라고 말하자 최광수 비서실장은 '12·12 사태에 대해 국민이 우려하지 않아도 좋을 정도로 사태가 안정되고 있다. 그러나 내용은 국가안보에 관한 것이어서 전혀 밝힐 수 없다"고 말했다. 환담 자리에서의 오고간 말들을 대변인이 전했다.

1979.12.24. (월) 10:00   종로구 구기동에 있는 청운 양로원과 마포구 구수동에 있는 한국구화학교를 YS가 잇달아 위문 방문했다.

1980.1.1. (화) 10:00   신민당 신년 단배식(團拜式)에 참석한 500여 명에게 조촐한 다과회를 베푼 후에 YS가 국립묘지를 참배했다.

1980.1.4. (금) 10:00   100여 명이 참석한 신민당 시무식에서 YS는 새해 인사말을 통해 "1980년대가 새로 출발하는 시점에서 지난해는 회고할 때 고달픈 한 해였다. 아름다운 나라와 국민이 원하는 정부를 세우기 위해 수권정당(受權政黨)으로서 준비해야 한다. 김대중 동지와 29일 만나 재야인사 영입 문제 등을 논의할 터이니 거국적인 입장에서 자

신을 갖고 임해 달라. 최규하 내각은 '헌법 개정과 대통령 선거의 공정한 관리'라는 두 가지 임무밖에 없다. 정치·경제·사회적 안정을 이루기 위해 정의롭게, 끈기 있게, 슬기롭게 민주회복 투쟁에 나서 달라"라고 역설했다.

1980.1.4. (금) 11:40   전경련의 정주영 회장을 비롯해 구자경, 김우중 부회장 등 회장단 9명의 새해 인사를 받고 경제문제에 관해 환담했다.

1980.1.15. (화) 16:00   홀브룩 미 국무부 동아시아태평양지역 담당 차관보 일행의 예방을 받고 1시간 단독요담을 했다. 정재원 대변인은 "오늘 요담에서 한국의 정치발전이 고무적 단계에 있음을 분명히 하고, 한미 관계가 그 어느 때보다 중요하다는 점을 김 총재가 강조한 단독 요담이었다"라고 간략하게 설명했다.

1980.1.20. (일) 10:00   경주에서 열린 JC(한국청년회의소) 제52차 정기총회에서 YS가 기념 연설을 했다.

1980.1.21. (월)   YS의 52회 생일을 맞아 최규하 대통령이 소철, JP가 동백꽃 화분을 상도동 자택으로 보내왔다.

1980.1.21. (월) 10:00   YS가 신민당 정무회의에 참석한 뒤, 정무위원

들과 오찬을 함께하며 신년 정국 구상을 밝혔다.

1980.1.25. (금) 09:30~11:10 마포 신민당사 4층 강당에서 열린 연두기자회견에는 내·외신 기자 100여 명과 소속 의원 39명 등 1천여 명이 참석했다.

> 문 헌법개정안에 대한 신민당의 입장은 무엇이냐?
>
> YS 이미 대통령중심제와 직선제, 소선거구제, 사법권 독립, 지방자치제 실시 등은 국민적 합의가 이뤄진 것으로 신민당 방침이다.
>
> 문 DJ 복권 없이도 전당대회를 열 생각이냐?
>
> YS 김대중 동지의 복권은 반드시 될 것이다. 또한 신민당은 되도록 최선을 다할 것이고, 필요하다면 국회에서 입법 조치도 강구할 생각이다. 전당대회는 서두를 필요가 없으며, 그 시기는 전략상 공개하지 못하지만 적절할 때 열 방침이다.
>
> 문 김대중 씨는 지난해 이 자리에서 상임고문으로 추대됐는데, 현재 당원이냐 아니냐?
>
> YS 김대중 씨는 분명히 당원이다. 따라서 정치 활동도 할 수 있다.
>
> 문 대통령 후보 지명 절차는 어떻게 되는지?
>
> YS 민주주의 기본은 경쟁이다. DJ와의 관계는 경쟁 관계가 아니고 협조 관계다. 민주정치 회복을 위해 함께 투쟁할 것이다. 민주주의가 더욱 중요한 것이지, 누가 대통령 후보가 되느냐는 중요한 것이 아니다. 내가 대통령에 출마하느냐는 발표는 유보하겠다.

1980.2.15. (금) 15:00 설날을 앞두고 YS는 국군통합병원을 위문 방문해 TV 3대, 탁구대 등 위문품을 전달했다.

1980.2.18. (월) 18:15~23:10 삼청동 공관에서 진행된 최규하 대통령 초청 만찬에서 5시간 회동을 마친 후 YS는 "구체적인 합의사항은 없었으나 서로 솔직한 의견을 기탄없이 털어놨다는 점에서 유익했다. 복권을 지연시키고 있는 것은 내 행동을 제한하기 위한 것이 아니냐고 항의했다"고 말했다. "최규하 대통령은 달리기로 말하면 출발선만을 그리는 역할을 거듭 다짐했는데, 최 대통령은 당초 뜻대로 타의가 없는 것 같더라"며 주석까지 달아 가면서 만족감을 표시했다.

1980.2.19. (화) 18:00~20:30 신라호텔 23층에서 글라이스틴 미국 대사 등과 부부 만찬을 하는 자리에서 YS는 "특히 10·26 사태 이후 미국이 보여준 확고한 한국에 대한 안보 결의는 한국의 민주화에 중대한 영향을 미치는 것이다"라고 미국의 역할을 강조했다. 이에 글라이스틴 대사는 "미국의 한국 내 역할은 민주화 진행 과정에서 북으로부터 침략 야욕을 저지하기 위한 한국의 안전보장과, 민주화 과정에서 한국민들 사이에 보다 광범위한 대화 촉진제다. 80년대 한국의 민주정치에 대한 분명한 확신을 다지고 있다"라고 답했다.

1980.2.25. (월) 07:30 한국 보수교단 기독청장년협의회 600여 명이

참석한 조찬 기도회에 YS는 부친과 함께 참석해 격려사를 했다.

1980.2.27. (수) 18:30~21:30 관훈클럽 초청토론회에서 '자유언론과 민주정치'라는 주제로 연설을 마친 YS는 토론자들에게 날카로운 질문을 받았다. JP에 대한 인물평을 묻자 "JP에 대한 평은 할 필요가 없고, 안 하겠다"라고 잘라 말하면서, "공화당 정권 20년으로 박정희 대통령이 갔는데, 공화당의 집권은 있을 수 없다. 공화당이 또 한 번 한다는데 뭘 또 하느냐. 정신 차려야지. 욕심내면 저주받으니 야당 되는 것만도 감사해야 한다"라며 집권당인 공화당과 유력한 대통령 후보 JP에 대한 반감을 그대로 드러냈다.

언론인들의 최대 관심사인 'DJ와 대통령 후보단일화'의 가능성을 물은 질문에는 "DJ와 허심탄회하게 얘기할 생각이며 얘기해 왔다. 두 사람이 박정희 유신체제 아래서 살아남은 것만 해도 감사해야 하니, 모든 것을 차원 높여 생각하자. 누가 대통령이 되는 것보다 민주주의를 이룩하는 것이 중요하다. 이 시점에서 DJ 복권이 되면 두 사람이 만나 직접 얘기하겠다"라고 후보단일화에 자신감을 내비쳤다.

"대통령 후보 예선이 과열될 경우 끝내 다른 당 후보에게 어부지리(漁夫之利)를 줄 가능성과 함께, DJ가 묶여 있는 바람에 혼자 5미터 내지 10미터 앞서 있는데 페어플레이(*fair play*)가 가능할까?"라는 까다로운 질문에 YS는 "절대로 과열되거나 분열될 가능성은 없다고 믿는다. 따라서 크게 염려할 필요는 없을 것이다. 후보단일화 문제는 아직 시기가 아니며, DJ가 복권되고 충분하게 기회가 주어지고 페어 플레이도 될 것으로 확신한다"라고 대수롭지 않게 맞받았다.

재야인사 DJ

1979.12.9. (일) 09:00 동교동 자택에서 연금 해제 기자회견.

1979.12.11. (화) 09:30 DJ를 예방하고 환담하는 자리에서 신현확 국무총리 지명자는 "과도체제 정권을 오래 끌 생각이 없다. 과도기를 단축해야 할 줄 아는 만큼 하루속히 정권 이양 작업에 나서겠다"고 말했다.

1979.12.12. (수) 11:00 글라이스틴 미국 대사와 미 대사관에서 만나 환담을 나눴다.

1980.1.12. (토) 16:00 동교동 자택에서 기자회견을 하면서 DJ는 대통령중심제 여부와 신민당과 재야 세력 통합문제, 그리고 자신의 복권 문제 등에 관한 입장 일부를 밝혔다.

1980.1.23. (수) 15:20~16:20 기자간담회에서 "지금 상황은 10·26 사태 직후와는 많이 달라졌다. 개헌, 복권, 계엄령 해제 등 모든 것이 불투명해 이른바 감(感)을 잡기 어렵다. 지금 신민당은 당내 문제에

힘을 쏟고 있는데 그러지 말고 밖으로 힘을 쓸 때다. 즉, 복권과 민주헌법 등이 해결된 뒤 당내 문제에 집착해야 한다. 신민당의 대통령 후보는 표 대결해서는 절대 안 되고, 그때까지 합의에 의해 이뤄져야 한다. 벌써 6~7월 전당대회 운운은 금물이다. 신민당이 복권 투쟁을 국민이 납득할 정도로 할 만큼 하고 그래도 안 된다면, 나부터 YS를 밀겠다. 내가 물귀신처럼 잡고 들어갈 생각이 없다"라며 신민당과 YS에 대해 우선 복권 투쟁에 적극 나설 것을 촉구했다.

1980.2.14. (목) 19:00 인천 답동 성당에서 인천교구 초청에 답례하는 형식으로 DJ가 해박한 지식을 담은 강론을 폈다.

1978년 12월 석방 이후 9개월간의 연금과 1973년 8월 일본 호텔에서의 납치사건 등 세 차례에 걸친 죽을 고비에서 주님이 나로 하여금 올바르게 국가에 봉사하도록 살려주셨다. 따라서 남은 인생을 내 맘대로 할 수 없다. 교회 성당이기 때문에 여러분이 궁금해 하는 정치 문제는 언급하지 않겠다.

다만 에리히 프롬(Erich Fromm)의 말처럼 '내가 무엇을 하겠다는 선택권이 있기에 인간은 만물의 영장'이라고 생각한다. 비록 계엄령 아래이지만 참고 나가면 우리가 갈 길은 명백하고 간단하다. 왜냐하면 단일민족인 데다 우방국이 많고, 남북대화가 이뤄지고 있기 때문이다. 혼란을 막고 국민 의사를 받아들이면 모든 것이 해결된다.

세인이 '내가 여당이 되면 보복할 것'이라고 하는데, 나는 가톨릭을 떠나거나 종교를 버리지 않는 한 보복은 있을 수 없다. 한마디로 당할 만큼 당한 나는 가톨릭 신자로서 교우 앞에 하느님 앞에 맹세한다. 보복이 절대 없을 것이다. 또 박정희 대통령이 죽어서 보복 대상도 없어졌다.

나는 무엇이 되는 것보다 어떻게 사느냐에 목적이 있다. 예수의 제자로서 충실히, 국민을 위해 열심히 살겠다. 그래서 후세의 역사가가 '그 시대에 김대중이 바르게 살았다'며 행적의 모범으로 평가하는 것이 가장 큰 바람이다.

1980.2.25. (월) 12:30 남산 '외교구락부'에서 고려대 총장을 역임했던 유진오 박사와 오찬을 하며 한국 정치와 경제, 통일, 평화 등 국정 전반에 걸쳐 의견을 나눴다.

1980.2.29. (금) 10:00 동교동 자택 안방에서 다음 날부터 복권된다는 소식을 들은 DJ는 밖으로 나와 소감을 밝히는 유인물을 돌렸다. 그리고 사진기자들을 위해 포즈를 취하며 이미 동교동을 찾은 인사들에게 축하 인사를 받기에 여념이 없었다. DJ는 '7년 만에 국민 여러분을 대하면서'라는 미리 준비된 장문의 성명서를 통해 "나의 정치적 거취는 재야인사들과 협의할 것이며 무엇보다 국민의 뜻을 받들어 결정하겠다"라고 밝힘으로써 신민당과 차별화하려는 의지를 분명히 했다. 광주 등지에서 상경한 80여 명이 자택 앞마당에서 '복권 만세! 김대중

만세!' 등 함성을 외치자 DJ는 이들과 일일이 악수했다. 이 모습들을 취재하기 위해 50여 명의 내·외신 기자가 경쟁을 벌였다. 특히 일본 NHK와 미국 CBS 등 외신기자들은 KBS의 중계망을 통해 위성으로 직접 생방송(生放送)하기도 했다.

兩金 회담과 만남

1979.12.29. (금) 12:10 상도동 자택에서 YS와 DJ 첫 회담

2시간에 걸친 兩金회담을 마친 후, 기자들과의 일문일답이 이어졌다. "두 사람을 둘러싸고 대통령 문제로 말이 많은데 어떻게 생각하느냐?"는 첫 질문에 DJ가 먼저 "우리들 사이가 좋지 않다는 얘기가 나온다면 우리 두 사람에게 책임이 있다. 쓸데없는 말이 안 나오도록 기자들이 도와 달라"고 운을 떼자, YS도 "내 생각은 김 동지와 같다. 언론이 도와 달라"고 말했다.

이어서 "개헌이 먼저냐, DJ 복권이 먼저 되어야 하느냐?"는 질문에 DJ는 "나라가 잘되느냐는 국민이 얼마나 성숙해 있느냐에 달려 있다. 최근 우리 국민들은 무척 성숙해 있다. 예를 들어 부마항쟁과 10·26 사태 이후 국민들이 자제심을 보여주었다. 민주회복 주체세력인 신민당과 재야 세력이 한데 뭉쳐 나가야 한다. 김 총재와 함께 국민 여망의 결실을 맺어 나가겠다"라고 답했다.

1980.1.8. (화) 11:30 열흘 전 DJ의 상도동 방문에 대한 답방 형식으로 이번에는 YS가 동교동을 방문해 오찬을 겸한 두 번째 兩金회담이 열렸다. 여기서 YS가 먼저 "신민당에서 발간하려던 〈민주전선〉에 대한 검열과 삭제가 많아서 발간 자체를 보류했다. 최근 내 신년사에서도 검열과 삭제가 많아 엉뚱한 의미가 되어 버렸다"라며 계엄사의 검열에 대한 불만을 취재기자들 앞에서 노골적으로 토로했다. 이에 DJ는 "민심(民心)이 천심(天心)이기 때문에 통일신라 이래 가장 강대한 권한을 쥔 박정희 대통령이 죽었다. 국민 의식이 매우 높아져 정치인은 물론 군(軍), 언론 모두 국민을 두려워하고 이에 따른 행동지침을 따라야 한다"고 말했다.

이 회담을 시작하며 YS가 불만을 토로한 신년사의 검열과 삭제에 관해서는 저자가 뒷부분 '兩金 기념관에 기증한 취재자료'에서 자세하게 설명하지만, 이를 보도했던 언론인의 한 사람으로서 무척 수치스러웠다.

1980.1.30. (수) 12:30~14:30 해위(海葦) 윤보선 전 대통령 자택에서 양일동 민주통일당 총재와 함께 兩金이 참석한 4자 회담이 오찬을 겸해 이뤄졌다. 兩金의 세 번째 만남이었다. 양일동 총재에 이어 YS, DJ 순으로 입장한 4자 회담에서는 개헌 일정과 조속한 계엄령 해제, 사면, 복직, 복교, 복권 조치 등 5개 사항에 합의했다.

1980.2.15. (금) 10:00 장충단 국립극장에서 열린 조병옥 박사 20주기 추도식에 YS와 DJ가 함께 참석해 네 번째 만남이 이뤄졌다. 이날 추도식에서는 신민당 총재인 YS가 추도사를 하고, 이어서 DJ도 즉석연설을 했는데, 공화당 총재인 JP는 대형 조화만 보냈다.

1980.2.25. (월) 11:00 CBS 사옥 대강당에서 열린 김관석 사장의 취임 예배에 YS와 DJ가 모두 참석해 다과회와 환담 자리에서 다섯 번째 兩金 회동이 자연스럽게 이뤄졌다.

1980.2.25. (월) 18:30~22:30 종로구 계동 인촌기념관에서 〈동아일보〉 김상만 회장이 인촌 추모사업의 하나로 JP, YS, DJ 3자 회동을 마련했다. 당시 대통령 후보로 유력시되었던 3자의 회동은 유신 이래 처음이자 兩金 회동으로서는 여섯 번째였다. 그런데 DJ 맞은편에 JP가 자리한 채 兩金 사이에 정일권 민주공화당 의원이자 총재 상임고문의 좌석이 마련되어 있어 마치 정일권 고문이 兩金의 신경전을 중재하는 것처럼 보였다. 3金이 모처럼 정국 전반에 걸쳐 대화를 나누는 이 자리에는 글라이스틴, 스노베, 버니 대사와 함께 이태영, 모윤숙 씨 등도 참석했다.

특히 이날 회동에서 JP가 DJ에게 오랜만이라며 인사를 건넨 뒤에 "지나간 일은 역사의 한 페이지로 생각하자. 복권을 빨리 실시하라고 여러 번 촉구했다"라고 밝혀 당면 현안인 DJ 복권 문제가 조속히 해결

1980.2.25. 종로구 계동 인촌 기념관에서 건배하는 3金. ⓒ 〈동아일보〉
이날의 회동은 유신 이래 3金이 처음으로 모두 모인 자리였다.

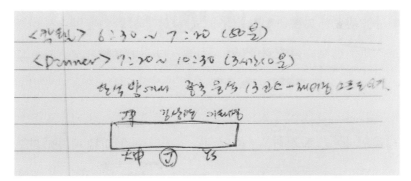

1980.2.25 저자의 취재수첩에서, 인촌기념관 초청 만찬 주빈석의 자리 배치도.
DJ와 YS 사이에 앉은 정일권(J) 상임고문의 위치가 눈에 들어온다.

될 가능성을 암시했다. DJ는 이날 만찬 후 "오랫동안 서로 보지 못했던 사람들을 봤다는 것이 다행이다. 앞으로 진정한 민주주의와 국민의 뜻을 성실히 받드는 새로운 한국정치의 계기가 마련될 것이라고 믿는다. YS와는 얘기할 분위기가 아니라 특별한 대화가 없었다"라고 소감을 밝혔다.

이날 YS와 DJ 두 사람 모두 각각 3건의 행사를 치르면서 두 차례나 같은 행사에 참석해 만나는 등 바쁜 하루를 보냈다.

1980.2.29. (금) 11:25   DJ의 복권 소식을 보고받은 YS가 동교동으로 복권을 축하하는 뜻으로 방문함으로써 일곱 번째 兩金의 만남이 성사되었다. "회의가 있어 조금 늦게 왔다"라며 YS가 축하의 뜻을 전했고 건강과 관련한 가벼운 인사를 나눈 두 사람은 서로 안은 채 악수하는 포즈를 취한 뒤, 잠시 귓속말로 대화를 나누기도 했다.

서울의 봄_2. 진정한 '서울의 봄'   1980.3.1.~1980.5.17.

신민당 총재 YS

1980.3.2. (일) 16:30   신민당 경북도지부 결성대회 참석차 대구를 방문한 YS는, 뒤에서 자세히 언급하겠지만, 대구역에서 그의 명언(名

言)인 '닭의 목을 비틀어도 새벽은 온다'를 되풀이하면서, "10·26의 주역은 기폭제가 된 부마사태이자 김영삼이다. 따라서 신민당은 역사의 주체이며 신민당의 집권은 역사의 순리이다"라고 역설했다. 이날 YS의 대구 연설은 하루 전 복권된 재야인사 DJ의 민주화투쟁 경력을 의식한 것처럼 보였다.

1980.3.3. (월) 11:00 오전 8시 취재기자들과 조찬 간담회를 마친 후 YS는 대구 시민회관에서 열린 신민당 경북도지부 결성대회에서 30분간 연설했다. 이 자리에서 YS는 신민당 중심의 집권이 갖는 당위성을 거듭 역설했다. 특이한 점은 연설 중간 중간 말을 잠시 멈추는 포즈(pause)를 취하며 중요한 대목에서 힘을 주어 청중의 환호성을 이끌어내는 등 기존의 연설 스타일과 눈에 띄게 달라진 모습을 보여 그동안 연설 연습을 많이 한 것처럼 느껴졌다.

이날 신민당 경북도지부 결성대회에는 모두 26명의 소속 의원이 참석했는데, YS 총재를 중심으로 한 당권파와 DJ를 중심으로 한 비당권파가 섞여 있었다. YS 총재의 연설이 끝나고 부총재들의 인사말 순서에서 꼴사나운 장면이 벌어졌다.

이민우 부총재에 이어 두 번째로 나선 비주류 박영록 부총재가 "재야 인사와 민주 인사 김대중, 윤보선, 함석헌 씨 등에 이 나라 최대의 민주훈장을 수여합시다"라며 이를 위해 신민당이 적극 나서야 한다고 포문을 열자, 순식간에 '그만하고 내려가!'라는 야유와 '계속해라!'라는 지지가 엇갈려 장내가 소란스러워졌고, 사회자 박용만 경북도지부 위원장이 제한시간 3분이 넘었다면서 마이크를 빼앗는 모습까지 보이고 말았다. 상도동과 동교동의 세 싸움이 표면화되기 시작한 것이다.

1980.3.5. (수) 12:00~15:20 남산 '외교구락부'에서 JP와 YS가 오찬을 겸한 여야 총재회담을 마친 뒤, 단독회담 결과를 간략히 발표했다.

1980.3.6. (목) 10:30 윤보선 전 대통령의 안국동 자택을 방문해 YS가 야권 통합 방안 등에 관한 조언을 요청했다.

해위(海葦) 윤보선 선생은 "YS와 DJ 두 사람이 합심하는 것이 민주 회복에 중요한 일이고 요긴한 일이고 국민의 여망이니만큼, 자신도 완전중립 입장에서 최선의 노력을 다하겠다"라고 말문을 열었다. 50분간 계속된 회동에서 두 사람은 특히 DJ가 속한 국민연합의 성격과 신민당 상임고문의 자격 논란 등에 관해 의견을 나눴다.

1980.3.8. (토) 오후 신민당사에서 열린 기자회견에서 YS는 10·26 사태 이후 시대적 변화에 발을 맞추고 범야(凡野) 세력의 단결을 꾀하기 위해서 당헌을 고쳐 재야 세력이 납득할 만큼 재야인사의 영입 폭을 크게 늘릴 방침을 밝혔다. 그러나 재야인사 영입 폭을 둘러싼 兩金 진영의 갈등은 대통령 후보를 지명하는 전당대회 대의원 800명의 구성방법 문제를 놓고 더욱 어렵게 꼬이기 시작했다.

1980.3.11. (화) 11:00 신민당사를 방문한 전국불교청년협의회 대표단을 접견.

1980.3.18. (화) 10:00 진주학생체육관에서 열린 신민당 진주, 삼천포 지구당 개편대회에 참석한 YS는 5천여 명의 당원에게 열렬한 환영을 받았다.

1980.3.19. (수) 13:00 일부 당원들이 남원에서 열릴 예정이었던 '신민당 남원·임실 지구당 개편대회가 불법대회이며 무효'라고 소란을 벌이고, 이 소란 배후에는 전주와 이리(裡里)의 폭력배가 동원됐다는 말까지 나돌았다. 이에 "전라도 칼잡이 운운한 박용만과 그 괴수 김영삼은 전라도민에게 사과하라"라는 험악한 피켓까지 등장함으로써 개편대회 자체가 무기한 연기되었다.

　호남 지역 개편대회를 개최하지 못한 YS 총재는 전주에서 저녁을 겸한 기자회견을 통해 "김대중 동지나 이철승 씨가 이번 사태에 관여했다고는 보지 않는다. 기자들이 현장을 다 보았고 국민도 배후 세력이 누구인지 잘 알고 있을 것이다"라며 신민당이 집권하면 지역감정 문제부터 해결하겠다고 말했다.

　그다음 날 DJ는 10여 명의 경찰만 있어도 일어나지 않을 사태가 발생한 데 대한 제1차적 책임은 경찰에 있다며 화살의 방향을 경찰로 돌렸다.

1980.3.22. (토) 10:00 전국적으로 개최된 지구당 개편대회에서 일부 폭력집단에 의한 불상사에 대해 국민에게 미안한 마음을 금할 수 없다면서 기자회견을 열었다. 여기에서 YS는 "이번 폭력 사태에서 당국이 보인 태도는 그 저의를 의심케 한다. 이번 폭력은 과연 누구를 도와주려는 것이냐? 신민당을 파괴해 유신 잔재 세력의 재등장을 측면 지원하려는 것이 아니냐? 신민당을 불신케 만들어 반민주 세력의 새로운 음모를 조장하려는 흉계가 내포된 것이 명백하다"라고 말했다. 이로써 당내 문제가 자칫 지역감정 문제로 비화되는 것을 막고자 그 책임을 외부로 돌리려는 DJ와 뜻을 같이했다.

1980.3.22. (토) 12:30 유진오 박사와 오찬 회동을 하는 자리에서 YS는 지구당 개편대회에서 발생한 폭력은 절대로 용납할 수 없으며 뿌리 뽑겠다면서도 "어떤 의미에서는 빨리 잘 일어났다"라고 말해 이를 취재하던 기자들을 당황하게 만들었다.

1980.3.24. (월) 11:55 100여 명의 신도가 모인 충신교회에서 '교회와 국가'라는 주제로 강연을 마친 YS는 즉석에서 몇 가지 질문을 받았다. 과연 민주화 일정이 분명하게 보이느냐는 질문에 "새벽은 왔으나 아직 안개가 걷히지 않았다"라고 재치 있게 답하면서 뜬금없이 계엄령은 다음 달쯤 해제될 것으로 본다고 전망했다. 아마도 상도동이나 신민당의 정보를 근거로 이같이 발언했겠지만, 실제로 1979년 10월 27

일 선포된 계엄령은 해를 넘겨 1981년 1월 24일에야 해제되었다.

1980.3.26. (수) 08:00   전날 강원도 강릉·삼척 지구당 개편대회를 무사히 마친 YS는 조찬 기자회견에서 대통령 선거 출마 여부를 묻는 질문에 "때가 되면 밝히겠다. 지금은 유보하겠다"고 그만의 특유한 화법으로 짤막하게 답했다. 이를 두고 당시 취재기자들은 대부분 YS가 조만간에 대통령 선거 출마를 공식 선언할 것으로 해석했다.

1980.3.29. (토) 09:50   신민당사 기자회견에서 YS는 "신민당과 재야의 일대일 통합은 있을 수 없고, 모든 민주 세력의 구심점인 신민당에 재야가 들어와야 한다"라며 DJ가 신민당으로 개별 입당할 것을 공개적으로 압박했다.

1980.3.31. (월) 16:10   동교동을 방문해 DJ의 조속한 신민당 입당을 요청하고 당사로 돌아온 '수권을 위한 모임'의 실천위원회 대표인 이기택, 김재광, 오세응 의원과 1시간 넘게 회담한 뒤, "DJ가 들어오면 모든 문제를 DJ와 협의하겠다. 재야 영입을 위한 문호 개방과 제반 여건을 갖춰달라는 DJ의 요청을 받아들이겠다"라고 말했다.

1980.4.1. (화) 12:00   신민당사를 예방한 빙엄(Jonathan B. Bingham) 위원장을 비롯한 미 하원 국제통상소위원회 대표단은 DJ가 신민당에

들어오면 신민당이 당당하게 대통령 후보를 뽑을 것이라는 YS에게 "경쟁을 거쳐 후보가 지명되면 신민당이 전적으로 지지하겠느냐?"라는 날카로운 질문을 던졌다. 이에 YS는 "민주정당으로서 당연히 지지한다"라고 응수했다. 이어서 미 대표단은 곧바로 동교동으로 DJ를 방문해 야당 후보단일화에 대한 의견을 묻는 등 한국의 야당 후보단일화에 깊은 관심을 표명했다.

1980.4.15. (화) 11:00 강원도 속초·인제 지구당 개편대회에 참석한 YS는 치사 후 기자회견을 통해 정부의 개헌 일정을 앞당기라고 촉구하면서, 특히 유권자의 연령을 18세로 낮추는 것을 당 방침으로 추진하겠다고 밝혔다.

1980.4.17. (목) 11:00 전국 농민단체가 공동주최한 '헌법 및 농림법령 공청회'에서 YS는 인사말을 통해 거제도 출신으로 농촌과 어촌 문제에 관심이 많았다면서 "박정희 대통령의 정부 관계자들이 도시민과 농민 비율이 7:3이니까 농민이 희생되어야 한다고 말했을 때 크게 반발했다. 일본에는 10%, 미국에는 5%인 농민들이 잘사는 것은 보호를 잘 받고 있기 때문이다. 어려운 문제이지만 수학적으로 다루면 안 된다"라고 모처럼 농민 정책에 관심을 표명했다.

1980.4.19. (토) 09:20 신민당사에서 열린 '4·19 혁명 제 20주기 기

넘식'에서 YS가 기념사를 마친 뒤, "YS도 18일 고려대학교, 19일 단국대, 5월 3일 상도동 신학대학 등으로부터 초청을 받았으나, 학원을 정치무대에 끌어들이는 것이 바람직하지 않다고 판단해 거절했다"라고 김덕룡 비서실장이 밝혔다.

1980.4.23. (수) 10:50 YS는 기자회견에서 "최근 대학뿐만 아니라 종교대학이나 신학대학 등에서 초청을 받았으나 대변인을 통해 완곡히 거절했다. 앞으로는 초청에 응하겠으나, 지금 상황은 피하고 싶다"면서 DJ의 잇따른 대학 연설을 부정적으로 보는 시각을 간접적으로 내비쳤다.

1980.4.28. (월) 11:40 신민당 총재 자격으로 충남 예산의 충의사(忠義祠)에 방문해 윤봉길 의사 의거 48주년을 기념하는 헌화와 분향을 마쳤다. YS는 곧바로 충무공 이순신 탄신일을 맞아 충남 아산 현충사(顯忠祠)에 분향 참배한 뒤, 오찬을 위해 온양 시내로 향하는 등 바쁜 일정에 나섰다.

　　당시 야당 취재기자로서 저자는 신민당 총재인 YS의 동정을 취재했는데, 공교롭게도 저자가 취재해야 하는 또 다른 주요 인물인 재야 인사 DJ도 같은 날 같은 목적으로 현충사를 참배하는 일정이 겹쳤다. 그 바람에 온양 시내에서 兩金과 취재기자들이 타고 있던 두 대의 버스가 오찬을 전후해서 두 번씩이나 마주치는 매우 우연한 '해프닝'

(*happening*)이 벌어졌다. 두 대에 나눠 타고 가던 기자들이 서로 반갑다며 버스의 창문 밖으로 손을 흔들기도 했는데, YS 취재 버스에는 '중앙기자단', DJ 취재 버스에는 '출입기자단'이라고 큰 글씨로 쓰인 표시판이 눈길을 끌었다.

YS는 이날 현충사 참배에 이어 충남 금산에 있는 '칠백의총'(義塚) 묘역에 분향 헌화하고, 금산 지구당에 들러 3백여 명의 청중 앞에서 즉석연설도 한 뒤, 인근에 있는 유진산 전 신민당 총재의 묘소를 참배하는 등 모처럼 강행군에 나섰다.

1980.4.29. (화) 17:00 신민당사로 예방한 일본 자민당 의원단과 환담을 나눴다.

1980.5.2. (금) 07:30 서울역 그릴에서 열린 '상이군경을 위한 원호 중앙교회 설립을 위한 조찬 기도회'에서 격려사를 했다.

1980.5.3. (토) 09:40 신현확 국무총리가 공화당 총재 JP를 방문한 후 신민당으로 YS를 찾아와 두 사람이 환담을 나눴다. 그 후, "대다수 국민이 사회 안정과 착실한 민주 발전을 위해 혁명적 방법이 아닌 평화적 방법의 정부 이양을 기대하고 있는 만큼, 정치인과 정부가 최선의 노력을 다하기로 두 사람은 의견을 같이했다"라고 신민당 대변인이 전했다.

그러나 대변인은 두 사람이 당면한 국내 정치·경제·사회문제를 놓고 충분히 대화를 나누는 자리에서, 신 총리가 "정부는 최근의 사회문제에 대해 강경책보다는 유화정책으로 임하고 있다"고 말했고, 이에 YS는 "의회민주주의자로서 혁명적 방법에는 반대한다"고 대답했다고 전하기도 했다. 무언가 심각한 얘기가 오갔을 것으로 짐작됐다.

1980.5.9. (금) 09:30 신민당사에서 기자회견을 연 YS 총재는 "야당의 거듭된 요구에도 공화당이 국회 소집을 더 이상 기피하면 중대한 결심을 하지 않을 수 없다고 경고한다. DJ와 가까운 시일 안에 만나 허심탄회하게 의논하며 신민당 입당도 다시 권유할 생각이다"라고 DJ의 신민당 입당을 촉구했다.

이에 DJ도 기자회견을 통해 '오늘의 정국을 10·26 사태 이후 6개월 만에 있는 가장 심각한 사태'로 규정하고, 5월 11일 정읍에서 열릴 '동학제'에서 자신의 태도를 밝히겠다고 예고했다.

1980.5.13. (화) 14:00 이틀 전 동교동으로 DJ를 방문했던 글라이스틴 미국 대사가 상도동 자택으로 YS를 방문해 1시간 넘게 "한국정치 현실에 관한 문제에 대해 광범위하고도 깊이 있는 논의가 있었으며, 한국정치 관심사에 대해 상호이해의 폭을 넓혔다"고 이 자리에 배석한 유한열 의원이 전했다.

그런데 이때 며칠 뒤에 벌어질 신군부의 정치개입 가능성이 얼마나 깊이 있게 논의되었는지는 아직도 알려지지 않았다.

1980.5.17. (토) 10:00 YS가 주재한 신민당 총재단 회의에서는 '현 시
국을 수습하는 길은 정부 당국과 정치 지도자들의 직접 대화를 통해
서만 찾을 수 있다'는 데 의견을 모으고, 빠른 시일 내 최규하 대통령
과의 면담을 요청했다. 그러나 신민당 대변인을 통해 대통령비서실에
전달된 면담 요청은 받아들여지지 않았다.

　이날 밤 중앙청에서 신현확 국무총리가 소집한 비상국무회의에서 5
월 18일 0시를 기해 당시 제주도를 제외한 지역에만 발령되었던 비상
계엄을 전국으로 확대했다. JP와 DJ는 연행, YS는 가택연금되면서,
3金에게 민주화를 향한 기대를 걸었던 '서울의 봄'은 완전히 막을 내
리고 역사의 기록으로만 남게 되었다.

재야인사 DJ

1980.3.1. (토) 09:00 전날 이미 배포한 '7년 만에 국민 여러분을 대하
면서' 성명서로 복권에 임하는 자신의 소감을 밝힌 DJ는 곧바로 기자
들과 일문일답에 들어갔다.

　저자가 취재수첩에 기록했던 10개의 질문과 답변 가운데 당시에는
무심코 넘어갔지만 지나서 생각하니 눈길을 끄는 대목이 있다. '정치
적 위기설'에 관련한 9번째 질문에 DJ는 "3월이나 4월 정치적 위기가

오지 않기를 진심으로 바란다. 정부가 먼저 위기 요인을 제거하고, 여야는 국회를 열어 정치인 손으로 정치 문제를 해결하고 나도 최규하 대통령을 만나 해결을 위해 노력하고 싶다"라며 마치 5·17과 같은 정치적 위기 가능성을 예감하는 듯 답했다.

이날 기자회견에서 언론인으로서 저자는 과연 신민당 의원이 몇 명이나 회견장에 참석했는지가 궁금했다. 정확하게 헤아려 보니 그동안 신민당에서 꾸준히 DJ의 복권 투쟁에 소리를 높여왔던 박영록, 예춘호, 김원기, 조세형, 노승환, 고재청 등 17명의 신민당 의원이 참석했었다. 이를 계기로 YS 중심의 상도동계와 DJ 중심의 동교동계 두 파벌로 나뉘며, 신민당 내에서는 주류와 비주류로 세 대결을 벌이게 되는데, 이들은 대부분 후자에 속하게 된다.

1980.3.1. (토) 10:20   기자회견을 마친 DJ는 복권 첫날 일정으로 동작동 국립묘지를 참배하고, 수유리 4·19 기념탑에 헌화 분향한 뒤, 3·1절 61주년을 맞아 파고다 공원을 찾는 등 바쁜 일정을 보냈다.

1980.3.10. (월) 15:30   매일 오후 3시 30분부터 동교동 출입기자들과 차 한잔 나누며 간담회를 열겠다고 나선 DJ는 첫 간담회에서 "나는 대통령 후보를 투표로 뽑을 생각이 없으므로 표 확보에 연연하지도 않는다. 따라서 재야 세력을 표와 관계가 있다고 생각하지 않는다"고 범국민적 추대 형식으로 야권 후보가 뽑히기를 희망한다는 뜻을 표명했

다. 야권 대통령 후보를 선출하기 위해 표 대결을 벌일 경우, 신민당 총재로 당권을 갖고 있는 YS에 비해 불리하리라는 동교동 측의 계산이 엿보였다.

1980.3.15. (토) 15:00 주말을 맞아 목포와 광주에서 버스 각각 1대, 경북에서 9대, 청주에서 2대 등을 타고 지지자 700여 명이 상경해 비좁은 동교동 자택 앞마당에 운집했다. 임시로 마련된 단상에 오른 DJ는 정확히 자로 잰 듯 30분간 유신잔재 청산과 지방색 철폐, 야권 후보단일화 등에 관해 연설했다.

　DJ는 특히 이날 오전 신민당사에서 열렸던 '민주화 촉진 궐기대회'를 높이 평가하면서도, "그동안 쓸데없이 대통령 후보 등 당내 문제에 힘을 소비해 상도 차리기 전에 젓가락질, 애도 낳기 전에 이름부터 지으려고 한다"라고 신민당을 노골적으로 비난했다.

1980.3.19. (수) 11:25 윤보선 전 대통령의 안국동 자택을 방문한 DJ는 1시간 단독요담을 마친 뒤, "민주화 과정을 착실히 진행하기 위해 신민당과 재야는 협력하며 투쟁하기로 했다. 그러나 필요하다면 재야는 별도로 우리끼리 협의해 나가기로 했다"라며 '우리끼리'라는 표현을 사용함으로써 해위 선생도 재야 세력의 일원임을 분명히 했다.

1980.3.26. (수) 19:00 YWCA 수요강좌에서 '민족혼'이란 제목으로 1

시간 40분 동안 계속된 연설을 마무리하면서 DJ는 "개인적 생각만 한다면, 4년 후에 대통령이 되는 것이 좋겠지만, 자신에게 기회가 주어진다면 대통령으로서 봉사하겠다"라며 내년 대통령 선거에 후보로 나설 뜻을 처음으로 분명히 밝혔다. 같은 날 YS가 조찬 기자회견에서 대통령 출마 여부를 물은 질문에 명확한 답을 유보한 것과는 대조를 보이며 언론에서 예상 밖이라는 평을 받았다.

1980.4.7. (월) 09:00 DJ는 입당을 포기하는 기자회견에서 "신민당 입당을 거부한 이유는 재야의 전반적인 의견이 신민당의 자세로 보아 협력이 어렵고, 신민당이 적극적인 마음으로 재야를 받아들일 자세가 없다고 판단했기 때문이다"라고 당시 야권의 관심사에 일종의 폭탄선언을 하면서, 야권의 분열이 가시화되어 버렸다. 이후 兩金은 각각 독자 행보에 나서기 시작했다.

1980.4.11. (금) 14:30 대전 가톨릭문화회관에서 한국가톨릭농민회가 주최한 '민주농정실현을 위한 전국농민대회'에 참석해 1시간에 걸쳐 연설했다. DJ가 "농민들은 공화당 정권으로부터 수탈당해 왔는데도 선거 때면 표를 여당에 뺏겨 '여촌야도'(與村野都) 라는 말이 생겼다. 그러나 앞으로 선거 때는 본때를 보여주어 '야촌야도'(野村野都) 를 보이겠다는 농민들의 속마음을 잘 알고 있다"라고 말하자 청중들에게서 환호성이 터져 나왔다.

1980.4.16. (수) 10:00 개교 40주년을 맞은 한신대를 찾은 DJ는 1시간 15분 동안 특별강연을 했다.

강연 말미에 학생들의 자제를 강조하면서 "국민을 위해서, 여러분을 위해서 7년 동안 유신과 싸웠다. 목숨을 내놓더라도 여러분 편이다. 자제하라는 내 말은 여러 가지 의도가 있는 것으로, 이 시기에 성급한 행동으로 국가안보를 위태롭게 하거나, 이를 이용하려는 사람들을 고려해서 자제해야 한다"라고 전국적으로 번지고 있는 학생시위를 우려하며 자제를 당부해 눈길을 끌었다.

1980.4.18. (금) 14:00 DJ는 한신대에 이어 동국대 '4·19 기념 강연'에서 마치 선거유세장을 방불케 하는 연설을 감행했다. '본교 4·19 기념 강연은 본교 학생을 위한 학교 실내행사로서 본교 학생 이외의 일반 시민과 타교 학생의 참여는 계엄 포고령에 위반되므로 외부 인사의 교내 출입을 일체 사절함 — 1980.4.18. 동국대학교'라고 쓰인 공고문이 나붙었다. 그럼에도 불구하고 강당에는 이미 5천여 명의 청중이 운집했다.

천주교 신자인 DJ는 단상에, 기독교 신자인 이희호 여사는 단하에 마련된 자리에 앉은 채, 동국대에 걸맞은 찬불가로 국민의례를 하는 모습부터 색다르게 보였다. 학생회장의 인사말과 4·19 희생자에 대한 묵념에 이어 고은 시인의 시(詩) 낭독 순서에서부터 마이크가 말썽을 부렸다. "마이크가 잘 안 들린다", "밖으로 나가서 하자!" 등 불만이 터져 나왔고 다섯 차례나 마이크 연결이 차단되자 드디어는 "어용 마이크 물러가라!"라는 과격한 표현이 등장하기도 했다.

마이크 문제로 1시간 넘게 벌어진 소란 끝에 오후 3시 35분부터 DJ의 연설이 시작됐다. 불편한 다리 때문에 한쪽 발에 슬리퍼를 신은 채로 단상에 오른 DJ는 4·19 혁명과 5·16 군사쿠데타의 의미를 나름대로 정의하고, 유신체제 아래 자신이 죽을 뻔했다는 '세 번의 죽을 고비'도 자세히 되풀이했다.

이어서 DJ는 "신민당이 10·26의 주역이고 자기들이 민주 세력의 구심점이라는 엉뚱한 주장을 하며 신민당과 재야를 한데 묶어 단일정당을 만들려다 깨지고 말았다"라고 신민당과 YS에 대해 직격탄을 날린 뒤, 오늘이 4·19 기념 강연회임을 의식해서인지 "중생을 구제하는 동국대 학생들이 4·19 정신으로 통일에 앞장서자"라며 연설을 마무리했다. 이날 연설회장 밖에는 4~5만여 명의 청중 인파가 몰려 마치 선거유세장을 방불케 했다.

1980.4.25. (금) 11:00 우연(于淵) 홍익표(洪翼杓) 선생 4주기를 맞아 경기도 가평군 외서면 대성리에 있는 고인의 묘소를 참배했다. 500여 명과 함께 참배에 나선 DJ는 걸어 올라가다 곳곳에 철제의자를 놓고 쉬어 가면서, "작년에는 오지 않았던 기자들이 올해는 많이 왔다"라며 기쁜 마음을 감추지 않았다. 기자들과 기념사진을 촬영하고 준비해 간 우유를 나누어주는 등 여유롭게 망중한(忙中閑)을 즐겼다.

1980.4.25. (금) 14:00 홍익표 선생 묘소를 참배한 DJ는 오후 관훈클
럽 토론회에서 '80년대의 좌표: 자유, 정의, 통일의 구현을 위하여'라
는 제목으로 연설을 마친 뒤 토론자들과 일문일답을 벌였다.

　두 번째 질문이었던 '대학 초청 연설을 계속할 것인지'에 대해 "대학
에서 정치적 연설을 하는 것이 잘못이라고 생각하지 않는다. 대학생
들이 투표권도 있고 함께 대화하고 정치적인 얘기를 하는 것은 매우
필요하고 자연스러운 일이다"라며 YS와 분명히 다른 시각을 밝혔다.

　이날 토론회에서 DJ는 "특히 나의 한자 이름을 둘러싸고 말이 많은

1980.4.25. 홍익표 선생 묘소 앞에서. 앞줄 가운데 DJ와 오른편 저자 (KBS), 왼편 박은서
(MBC). 뒷줄 오른쪽부터 송도균 (TBC), 최한수 (CBS), 김진원 (동아방송) 기자,
맨 오른쪽에 떨어져 서 있는 김옥두 수행비서.

데, 할아버지가 원래 '金大仲'이라고 지어주셨으나 호적에 올릴 때 '金大中'으로 잘못 올렸다가 1954년 '大仲'으로 바로잡았다. 그러나 선거에 낙선하고 사업도 망하니까 '仲'에서 '사람 인'(人) 변을 떼어 내면 '크게 적중한다'는 뜻의 '大中'이 되어 좋지 않으냐는 얘기에 솔깃해서 다시 고쳤다. 그랬더니 국회의원에 당선되었다"라고 솔직하게 털어 놓아 청중들의 웃음을 터뜨리기도 했다.

1980.5.10. (토) 18:00 '동학제' 참석차 전라북도를 찾은 DJ는 이리나 들목을 거쳐 정읍휴게소 앞에 모인 500여 명의 군중 앞에서 취재기자도 매우 자극적이고 선동적이라고 느낄 정도의 연설을 서슴지 않았다. 목소리 톤을 한 단계 높여 "나는 법률적으로 복권이 됐으나 정치적으로는 아직 반(半)연금 상태로, 사무실 하나 못 얻고 책 한 권도 내지 못하고 있다. 절대로 방심하거나 경시해서는 안 된다. 쉬지 말고 민주주의와 계엄령 해제, 군의 중립을 요구해야 한다. 위대한 민족의 선각자 전봉준 선생처럼 우리가 쳐부숴야 한다"라고 역설했다.

　밤 9시 기자회견이 예정된 정읍예식장을 향해 20여 미터 걸어가다 몰려든 인파 탓에 되돌아가지 못한 DJ는 급한 나머지 취재기자 탑승 버스로 피신했으나 버스를 둘러싼 인파를 헤쳐 나가다 보니 3킬로미터의 거리를 가는 데 50분이나 걸릴 정도로 뜨거운 환영을 받았다.

1980.5.11. (일) 09:00 정읍농림고등학교 운동장에서 열린 '동학제'에

참석한 DJ는 축사를 겸한 열띤 연설로 청중들을 감동시켰다. 50분간의 연설에서 DJ는 특히 "동학혁명도 처음부터 폭력적이지 아니했으나 하다 하다 한때 무력을 쓴 것으로, 민주회복도 평화적으로 추진해야 한다. 혼란을 일으키면 민주화 추진에도 큰 차질이 우려되는 만큼, 오늘 동학제를 무사히 끝내기를 바란다"라고 말하며 전날 연설에 비해 자극적 표현을 자제하는 모습이 역력하게 보였다.

그럼에도 불구하고 이날 동학제가 끝난 뒤 정읍 군수가 사표를 제출하고, 사회자는 경찰에 연행되었다는 정보가 취재기자들에게 전해졌다. 정부나 신군부가 이번 DJ의 정읍 방문을 매우 심각하게 보고 있는 것이 아닌지 우려하는 기자들의 목소리가 귀경길 버스 안에서 높아졌다.

그런데 이날 정읍 방문에 대해 당사자인 DJ는 그다음 날 동교동 자택에서 "많은 인파가 환영한 것에 대해, 국민이 좋은 정치를 받고 싶고 좋은 대통령을 갖고 싶은 한이 맺혀 있음을 그들의 얼굴에서 읽을 수 있었다"라고 다가올 위기를 전혀 예감하지 못하는 듯 말했다.

1980.5.13. (화) 09:30 동학제를 마치고 귀경한 DJ는 동교동 자택에서 40여 명의 내·외신 기자에게 "국민, 학생, 근로자들은 질서를 지키고 안정을 유지해 북한이 오판할 수 있는 자료를 주지 않도록 하며, 사소한 혼란이라도 이를 구실로 민주화를 역행시키려는 명분을 주지 않도록 유의해야 할 것" 등을 골자로 한 시국성명을 발표했다.

그러나 기자회견에서 DJ는 "최근 YS가 나를 만나겠다는 것을 지상 (紙上)을 통해 알았을 뿐이고 아직 아무런 연락을 받지 못해 유감스럽게 생각하며, 나는 민주화 추진을 위한 범국민운동을 머지않아 발족시킬 방침이다"라고 신민당뿐만 아니라 YS에 대한 불만을 토로했다.

1980.5.15. (목) 10:30 동교동 자택에서 기자간담회를 통해 DJ는 최근 학원사태와 관련해 최규하 대통령이 즉시 귀국해 당면한 시국을 수습해야 하며, 무엇보다 불행을 막는 것은 계엄령을 즉시 해제하는 것이라고 말했다. 동시에 "학생들은 지금까지 시위를 통해 그들의 요구와 주장을 충분히 표출했으니 정부의 성의 있는 태도 표시를 촉구한다"라며 학생들에게 일단 가두시위를 중지할 것을 촉구했다.

兩金 회담과 만남

1980.3.6. (목) 12:30~14:40 남산 '외교구락부'에서 DJ의 복권 후 5일 만에 첫 번째 兩金회담이 이뤄졌다. 당시 정치부 기자들의 최대 관심사인 야권 후보단일화의 당사자인 두 사람의 공개 회동이니만큼, 수많은 내·외신 기자가 몰린 가운데 兩金 두 사람은 병풍 앞에서 다정하게 손을 잡고 포즈를 취한 뒤 오찬을 겸한 회담에 들어갔다.

두 시간 정도 지난 뒤, 박권흠 신민당 대변인이 당면한 시국 전반에 걸쳐 진지하고 우호적인 분위기 속에서 논의한 결과, 4개 항에 합의

1980.3.6. 남산 외교구락부에서 YS, DJ 兩金 오찬 회동.
왼쪽에서 3번째 취재하고 있는 저자.

했다고 발표했다. 이 가운데 가장 뉴스 가치가 높은 것은 두 번째 합의사항이었다. "신민당과 재야 민주세력은 합심해서 민주회복과 민생안정 문제 해결에 주력하는 것을 제 1의 정책 과업으로 하고, 대통령후보 지명에 대한 문제는 헌법의 귀추가 명백히 될 때까지 그에 대한 과열경쟁을 억제한다"라는 합의는 兩金이 잠시 휴전을 선언한 것으로 해석되었다.

1980.4.4. (금) 10:20~12:30 DJ 복권 이후 두 번째 兩金 회담이 신라호텔 17층에서 열렸다.

단독회담을 마친 후, YS는 이날 회담에서 자연스럽게 얘기를 나눴다면서 특히 "김대중 동지가 여러 가지 말을 많이 했는데, 가장 중요한 것은 두 사람이 협력하는 것이며 애국심을 갖고 협력하기로 의견 일치를 보았다. 김 동지 문제가 바로 나 자신의 문제라는 데 의견이 일치했다. 특히 대통령 후보 지명을 놓고 표 대결은 하지 말자고 합의했는데, 이는 두 사람이 공존하자는 얘기다"라며 회담 결과를 긍정적으로 평가했다.

이에 비해 DJ는 YS가 먼저 입당한 후에 논의하자고 하는데, '입당해서 더 불화가 생기면 우리 목적에 위배되고, 선거 전이나 후에 두 사람이 공존할 수 없다'는 등 부정적 시각을 보였다.

1980.5.5. (월) 11:00 YS와 DJ는 수유리에서 거행된 해공(海公) 신익희 선생 24주기 추도식에 참석해 차례로 추도사를 했는데, 兩金은 4월 4일 신라 호텔에서의 회담 이후 한 달 넘어 처음으로 만난 탓인지, 간단히 악수만 하는 등 서먹서먹한 분위기를 감추지 못했다.

1980.5.16. (금) 09:30 YS가 동교동 자택으로 DJ를 방문해 1시간 넘게 兩金 회담을 가진 뒤 공동발표문을 통해 "두 사람은 학생들이 거리로 나오게 된 오늘의 사태에 대해 정치인으로서 책임을 통감하는 바이다. 학생들의 정당한 요구가 관철되도록 전력을 다할 것을 다짐하면서 학생들이 질서와 평화 유지를 위해 최대한 자제력을 발휘해줄 것을 요망한다"라며 학생들에게 시위 자제를 며칠째 거듭 촉구했다.

그럼에도 불구하고 학생 시위는 더욱 과격해지고 다음 날 신군부의 5·17 강경 조치로 말미암아, 그동안 무려 11차례나 이뤄졌던 兩金 회담과 회동이 아무런 성과를 거두지 못한 채, '서울의 봄'도 순식간에 막을 내렸다.

끝내 무산된 '서울의 봄'과 관련해 가장 대권에 가깝게 접근했다고 평가받던 JP는 1980년 5월 〈흑산도〉(黑山島) 라는 그림 한 폭을 그린 뒤, "5월 초순, 정국(政局)을 뒤덮은 안개가 더욱 짙어간다. 어수선한

김종필 (1980.5), 〈흑산도〉(黑山島), 《JP 화첩》.

분위기 속에서 미8군 포레스터 장군의 이임(離任) 기념으로 이 그림을 서둘러 완성, 선물로 주었다"라며 흑산도 바닷가로 밀려오는 높은 파도 그림으로 당시 불안한 심경을 드러냈다.

제 4장

1980년 5월 17일 밤
'동교동'과 '상도동'

1980년 5월 17일 토요일, 이른바 '서울의 봄'이 절정으로 향하면서 3
金의 대권 도전으로 정국은 후끈 달아오르고 학생들의 시위도 날로
열기를 더하던 주말이었다.

10·26 사태 이후 하루도 쉴 틈 없이 '뺑뺑이'를 쳤던 KBS 보도국
정치부에서 새로 이사한 이 모 기자의 집들이를 겸해 모처럼 단합의
자리를 마련했다. 정성껏 차린 저녁을 오랜만에 여유 있게 배불리 먹
고 잠시 휴식을 취하는데 전화벨이 울렸다. 중앙청에서 비상국무회의
가 소집됐으니 전원 급히 회사로 돌아와야 한다는 당직 근무자의 연
락이었다.

정치부 신참 기자로서 불평 한마디도 하지 못한 채 회사로 돌아오
니 여기저기서 들려오는 정보가 심상치 않았다. 밤 9시부터 10시 반
까지 중앙청에서 열린 비상국무회의는 결국 전국으로 비상계엄을 확

대하고 정치 활동을 금지하는 등의 계엄 포고 10호를 발표했다. 계엄
사는 특히 일부 정치인들을 권력형 부정축재 혐의나 사회혼란 조종
혐의로 연행한다는 정보도 입수됐다.

동교동 DJ 연행

이석희 당시 정치부장은 즉각 3金를 비롯한 주요 정치인의 동향을 취
재하라고 지시했다. 당시 동교동을 출입하던 저자는 동교동 DJ 자택
으로 먼저 전화를 걸었다. 밤 11시쯤 건 첫 번째 전화에서는 동교동에
아무런 이상이 없다면서 오히려 무슨 일이 있느냐고 비서가 되물을
정도였다.

그러다 10분쯤 두 번째 전화를 다시 걸자 귀에 익은 목소리의 김옥
두 비서가 다급한 목소리로 "지금 계엄군이 마구 쳐들어와서 난리가
났어요"라고 말을 끝내기 무섭게 외마디 비명 비슷한 소리가 나면서
통화가 끊겼다. 즉시 부장에게 동교동 상황 발생을 보고하고 카메라
기자로서 노련한 차 모 선배와 함께 회사 취재 차량으로 급히 동교동
으로 향했다.

분명히 주요 접근도로가 차단됐을 것 같아 평소 남몰래 즐겨 다니
던 골목길을 이용해서 11시 35분쯤 DJ 동교동 자택 앞에 도착했다.
골목길 양쪽 입구에는 군 트럭과 무장군인들의 모습이 보였지만 정작

대문 바로 앞은 예상과 전혀 달리 조용했다. 뭔가 이상하다는 예감이 들었지만 자주 드나들던 철문을 슬며시 밀고 집 마당으로 들어가려고 했다.

그 순간 문밖과는 너무나 대조적으로 훤히 밝혀진 마당에서 플래시를 든 수많은 무장군인이 왔다 갔다 하는 충격적인 광경이 한눈에 들어왔다. 마치 영화에서나 본 듯한 장면에 순간적으로 얼이 빠져 문턱에 엉거주춤 서 있는데 이번에는 안쪽에서 대문을 지키던 보초 두 명 가운데 한 명이 갑자기 "누구냐"며 소총을 들이댔다. 눈앞에 다가온 총부리에 놀라 엉겁결에 한 발 뒷걸음을 치며 KBS 기자라고 신분을 밝혔다.

철모를 눌러쓴 젊은 무장군인은 일반인 출입이 철저히 통제된 구역에 기자가 나타났다는 말에 기분이 몹시 상했는지 빈정거리는 말투로 "기자 좋아하네!"라고 내뱉었다. 동시에 재빠른 솜씨로 소총을 뒤집더니 개머리판으로 가슴을 치려는 것이 아닌가. 반사적으로 상체를 옆으로 비틀어 간신히 개머리판을 왼쪽 어깨로 받아냈다. 아무리 비상계엄이라고 하지만 너무한다 싶어 "이렇게 마구 폭행을 해도 되느냐?"며 거칠게 항의했다.

그러자 어디서 나타났는지 스포츠형 머리 모양에 빨간색 비표를 가슴에 단 사복 차림의 보안대원이 "이곳은 민간인 통행이 금지된 지역이니 빨리 골목길 밖으로 나가 달라", "계엄군인들이 이틀째 잠을 제대로 자지 못해 신경이 날카로워서 그런 것이니 이해해 달라"는 등

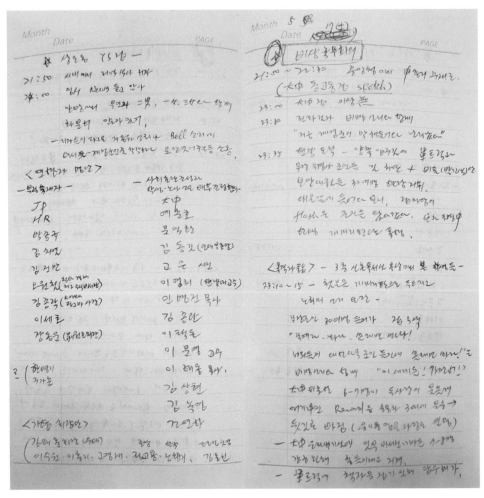

1980년 5월 17일 토요일 밤, 동교동과 상도동을 오가며 서울의 봄이 종결되는 긴박한 순간을 취재했다.

고압적이면서도 사정하는 태도로 잡아끄는 바람에 골목길 밖으로 밀려났다. 동원된 계엄군인들이 이틀째 잠을 제대로 못 잤다면 최소 이틀 전인 5월 16일부터 비상계엄령을 준비한 것이 아닐까 하는 의문이 들었다.

큰길가에 있는 3층 '신촌독서실' 옥상으로 올라가니 DJ 자택 안마당이 한눈에 내려다보였다. 이미 작전 상황은 끝났는지 사방이 고요했다. 때마침 독서실에서 공부하던 몇몇 학생이 당시 상황을 지켜봤다며 신이 나서 떠들어댔다.

밤 11시 10분쯤 철문을 개머리판으로 두드리는 소리가 요란하게 들려 옥상에서 내려다보니 무장군인 30여 명이 집 안으로 들어가 수색을 시작했다. "죽여라! 쏴라! 너희들이 대한민국 군인들인데 쏠 테면 쏴라!" 하는 비명이 들렸고, "이 XX들! 가만있어!"라는 고함도 들렸다. 김대중 씨를 비롯한 6~7명이 각각 두 사람의 군인들에 의해 붙들려 나가 대기하던 레코드 승용차 3대에 실려 뒷길로 빠져나갔다. 안마당 운전기사 대기실에 일부 비서관 7~8명이 무장군인들에 의해 감금돼 있었고 군 트럭이 책자를 비롯해 집기 일체를 압수해 갔다.

학생들의 증언을 토대로 동교동의 상황을 전화로 보고하고 나자, 정치부 데스크에서는 상도동으로 가서 그곳 상황도 보고하라는 취재 지시가 떨어졌다.

상도동 YS

자정을 훨씬 넘어 상도동 YS 자택에 도착했다. 골목길 입구부터 동교
동과는 달리 계엄군의 흔적이 전혀 보이지 않는 것이 이상했다. 오히
려 평소 신민당을 취재하던 10여 명의 신문사, 방송사 기자들이 이미
도착해 1층 거실에서 각 언론사 데스크에 상도동 상황을 보고하는 등
취재에 열을 올리고 있었다. 저자를 포함해 뒤늦게 취재기자들이 타
고 온 승용차 소리나 현관 벨 소리만 나도 상도동 비서들은 계엄군들
이 들이닥치는 것이 아닌지 해서 문 앞으로 몰려나가는 등 신경을 곤
두세우고 있었다.

YS는 시내에서 저녁 식사를 하고 밤 9시 40분에 귀가했으나, 정치
인들에 대한 연행 소식은 밤 12시 특집방송 뉴스를 듣고서야 알았다
고 한다. DJ와 JP가 연행됐기 때문에 YS 자신도 곧 연행되리라 보고
2층 안방에서 부인과 차남, 그리고 두 딸과 함께 마음의 준비를 하고
있었다.

밤이 깊어갈수록 상도동에는 취재기자들만이 하나둘씩 찾아와 응
접실을 가득 메웠을 뿐, 끝내 계엄군의 모습은 보이지 않았다. 아마
도 3金을 모두 연행했을 때의 정치적 부담을 덜기 위해 DJ와 JP는 연
행하되, YS는 자택에 연금하려는 것 아닌지 우려하는 분석이 그날 밤
상도동을 취재했던 기자들의 공통된 견해였다.

상도동으로도 각종 정보가 들어왔다. 특히 이날 밤 연행자는 '부정

축재자'와 '사회혼란 조성 혐의자'로 구분됐는데, 전자는 JP, 이후락, 박종규, 김치열, 김진만 등이고, 후자는 DJ를 비롯해 예춘호, 문익환, 김동길, 고은 시인, 인명진 목사, 김상현, 김녹영, 조연하 등이었다. 이뿐만 아니라 한국기자협회 김태홍 회장(수배), 이수진, 이홍기(KBS), 고영재(〈경향신문〉), 정교용(〈중앙일보〉) 등 당시 기자협회 간부 7명이 연행되거나 수배되었다는 내용도 취재수첩에 기록되어 있다.

새벽 6시 뜬눈으로 밤을 새우고 상도동 YS 자택을 나서는 순간, 전날 밤 개머리판으로 맞은 왼쪽 어깨의 통증이 앞으로 급변하게 될 '안개 정국'의 불안한 종착지를 예고하는 듯 느껴졌다. 하지만 이날 밤 3金 자택 가운데 두 곳이나 직접 취재하며 지켜봤다는 언론인 특유의 자부심 때문인지 별로 피곤하지는 않았다.

DJ, JP와 달리 5월 17일 밤 상도동 자택에서 연행되지 않았던 YS는 취재기자들의 예상대로 5월 20일부터 1981년 5월 1일까지 약 1년 동안 상도동 자택에서 가택연금을 당했으며, 일체의 정치활동도 금지되었다.

이날 밤 부정축재 혐의로 체포 구금된 JP는 9월에 신군부에 의해 재산을 헌납하도록 강요받고 정계에서 은퇴, 미국에서 은둔생활을 했는데, 그해 12월 〈설악(雪嶽)의 초겨울〉이라는 그림을 완성하기도 했다. "5·17로 몇 달 동안 바깥세상과 차단되어 살아야만 했었다. 첫

김종필(1980.12), 〈설악(雪嶽)의 초겨울〉, 《JP 화첩》.

나들이에 화구를 챙겨 들고 설악산을 찾았다. 흰 눈이 봉우리를 뒤덮고 바람은 매서웠지만 산은 생명력을 잃지 않고 의연했다"라는 작품 설명을 통해 비록 몸은 미국에 망명 중이지만 마음만은 의연하게 건재함을 과시하는 듯했다.

제 5장

TV 토론회와 3金

우리나라에서 최초의 TV 토론회는 1995년 6월 17일 KBS가 주최한 '서울시장 후보 TV 토론회'로 기록되고 있다. 여당인 민주자유당의 정원식 후보와 야당 민주당의 조순 후보, 무소속 박찬종 후보, 쟁쟁한 후보 세 명이 KBS 스튜디오에 마련된 TV 토론회에 나란히 자리에 앉아 110분 동안 열띤 입씨름을 벌였다. 이 토론회는 높은 시청률을 보임으로써, 바야흐로 스포츠와 예능 프로그램에 이어 정치 분야에서도 TV는 막강한 영향력을 발휘하기 시작했다.

그런데 매우 아쉬운 것은 1992년 제 14대 대통령 선거에서 TV 토론회를 시도했으나, 끝내 이뤄지지 않아 우리나라 TV 토론회의 시작이 무려 3년이나 늦어진 것이다. 당시 KBS 정치부장으로서 1992년 12월에 실시될 대통령 선거를 앞두고 선진국에서 방송되는 TV 토론회를 국내 최초로 개최해 보려고 여러 차례 각 당 실무회담을 소집하며

1995.6.17. 서울시장 후보 (우로부터 조순, 정원식, 박찬종) TV 토론.

노력했으나 당시 여당인 민주자유당에서 이런저런 이유로 지연작전을 쓰는 바람에 끝내 YS와 DJ가 함께하는 역사적인 TV 토론회는 이뤄지지 못했다. 결과적으로 3년 뒤인 1995년 지방자치단체장 선거를 앞두고 진행된 서울시장 후보들의 TV 토론회가 우리나라 최초의 TV 토론회로 기록되었다. 아마도 1992년 YS와 DJ가 맞대결을 벌이는 TV 토론이 성사되었다면 시청률에서도 대기록으로 남았을 것이다.

5년이 지난 1997년에 이러한 아쉬움이 해소될 수 있었다. 제15대 대통령 선거를 앞둔 '3당 대통령 후보 초청토론회'가 이루어진 것이다. 이때는 이미 YS가 대통령 임기를 거의 마치고 사실상 정계를 떠난 상태이기 때문에, 3金 가운데 야당인 새정치국민회의 총재 DJ와 자유민주연합 총재 JP, 그리고 여당 총재인 이회창 후보가 개별적으로 참석하는 TV 토론회가 이뤄졌다. 이미 1995년 서울시장 TV 토론회를 통해 선거를 앞둔 유권자들에게 미치는 TV 매체의 위력이 유감

없이 드러난 바가 있어서, 1997년 대통령 선거를 앞두고 후보자 TV 토론회는 필수불가결한 과정으로 인식되고 있었다.

두 번의 정치부장을 마치고 1996년 4월부터 정치부, 경제부, 사회부 등 취재부서를 총괄하는 보도국 취재주간을 맡은 저자는 우선 1년 뒤 대통령 선거를 앞둔 TV 토론회 개최를 책임지게 되었다. 이를 위해 1996년 10월 말 열흘간 미국으로 출장을 떠나, 때마침 11월 5일 실시되는 미국 대통령 선거를 앞둔 ABC 등 주요 방송사의 TV 토론회 진행방법 등을 현장에서 자세히 직접 보고 들을 수 있었다.

대통령 선거가 있는 1997년, KBS에서는 6월부터 '정치개혁 토론회' 형식으로 여야 후보 10명이 출연하는 개별 토론회를 마친 뒤, MBC와 SBS 등 지상파 3사가 공동으로 주관하는 TV 토론회를 7월 28일부터 개최하기 시작했다. 국민적 관심사인 점을 고려하여 한국 방송협회와 신문협회가 공동주최하고, 지상파 3사가 공동으로 주관하되 먼저 MBC가 주관한 '3당 후보 초청토론회'는 7월 28일 월요일에 이회창(한나라당 후보), 29일에 JP(자유민주연합 후보), 30일에 DJ(새정치국민회의 후보)가 출연하는 토론회가 잇따라 열렸다. 이회창 후보에 이어 JP의 토론회까지 무사히 마치고 마지막 순서인 30일 DJ 토론회에서 저자는 예상치 못한 곤경에 처하게 되었다.

처음으로 공개하는 사실이지만, 리허설을 모두 마치고 생방송에 들어가기 직전, 출연자 DJ가 저자에게 잠시 오라고 손짓을 하는 것이 아닌가. 가까이 다가가니 DJ는 "김 국장, 어렵겠지만 미리 준비된 큐시트(*cue sheet*)에 없는 날카로운 질문을 두어 개 더 해주었으면 좋겠다"라며 저자의 손을 꼭 잡으며 간청했다. TV 토론회의 공정성을 담보하기 위해 사전 합의된 큐시트 그대로 질문하기로 굳게 약속했는데, 두어 개나 질문을 추가해 달라니 난감하기 그지없었다.

고민 끝에 두 번째 질문 코너에서 보충질문을 하는 형식으로 1개 질문만 추가하기로 작정하고 방송에 들어갔다. 이날 DJ 토론회에서 저자에게는 모두 네 차례 질문의 기회가 주어졌는데, 30분쯤 두 번째 질문으로 "앞서 토론회를 마친 이회창 후보와 JP 후보보다 DJ 후보가 앞서는 강점이 무엇이라고 생각하느냐?"라고 물었다.

이에 DJ는 미리 준비한 듯 "민주화 투쟁 40년 동안 감옥에 있거나 망명하거나 이 나라를 바른 정치의 길로 끌고 갈 준비를 해 왔습니다. 제가 다른 분에 대해서 이런 준비가 좀 손색없이 돼 있지 않느냐 생각합니다"라고 답했다.

이때다 싶어 큐시트에는 없었지만 "다른 두 후보는 국무총리를 두 번이나 지냈고, 집권당 대표도 맡았기 때문에 국정운영 능력 면에서 자신이 있다고 말씀하셨는데 이에 대해서는 어떻게 생각하십니까?"라고 보충질문 형식으로 추가 질문을 던졌다. 이에 DJ는 순발력 있게 1994년 북한 핵 위기 때 이를 해결하는 데 자신이 큰 역할을 했다며 당시 상황을 자세히 설명했다.

밤 10시부터 11시 40분까지 100분 동안 TV 3사에서 동시에 중계방송된 DJ 토론회가 끝나자마자 DJ의 홍보를 맡았던 김한길, 박지원

1997.7.30. 3당 대통령후보 초청 토론회.
중앙에 DJ, 시계 반대 방향 저자 (KBS), 유자효 (SBS), 구본홍 (MBC).

의원 등이 당초 큐시트에 없는 추가 질문을 했다고 저자에게 거칠게 항의했다. 이를 옆에서 지켜보던 DJ가 측근들에게 조용히 하라고 야단을 치는 바람에 일단락 짓는가 했더니, 이번에는 MBC 관계자들이 30분 정도 저자를 보도제작국 안에 강제로 붙잡고 항의하는 어이없는 사태가 벌어졌다. 발단은 토론회 끝부분 마무리 질문에서 저자가 큐시트에 있는 그대로 특별히 동물 다큐멘터리를 즐겨 보는 이유를 물었던 것이었다. DJ는 "그냥 자연이 좋아서 그렇죠. 그래서 아마 동물 비디오가 100개쯤 있습니다. 그리고 요새는 KBS에서 5시 반에 하지 않나요. 되도록 그것을 보도록 하죠"라며 KBS라는 표현을 사용했다.

평소처럼 이러한 질문에 DJ는 '냉엄한 약육강식 (弱肉强食) 의 동물 세계를 보면서 정치 현실에서 많은 것을 깨닫는다'고 답변하리라 기대했던 질문이었다. 그런데 DJ가 느닷없이 자연이 좋아서 그렇다고 짤막하게 답변한 뒤, KBS 〈동물의 세계〉 프로그램을 거론하는 바람에 MBC 측에서는 사전에 저자가 DJ 후보와 짜고 KBS를 언급하도록 답을 유도했다며 거칠고도 집요하게 항의했다. 특히 DJ와 저자가 생방송 직전 귓속말을 나눈 것을 문제의 KBS 관련 답변을 사전협의한 것으로 오해하는 듯하여, 저자로서는 속 시원하게 해명도 하지 못하며 애를 먹었다.

지상파 3사의 '3당 대통령 후보 초청토론회'는 시청률 면에서도 큰 성과를 거두었다. KBS, MBS, SBS 지상파 3사의 시청률 합계를 보면, 첫날 이회창 후보 토론회가 59%, 둘째 날 JP 토론회 52%, 마지막 날 DJ 토론회는 61.8%(KBS 31.2%, MBC 19.3%, SBS 11.3%)로 유례가 없을 정도로 매우 높았다. 이런 기회를 살리기 위해 더욱 날카로운 질문을 요청했던 DJ, 그런 내막도 모른 채 저자에게 항의하던 측근들 사이에서 큰 거리감을 느꼈다.

제 6장

3金이 격돌한 선거전

제13대 대통령 선거

1979년 10월 26일부터 1980년 5월 17일까지 이른바 '서울의 봄'이 비극적인 막을 내리면서 3金도 체포, 구금, 연금되며 정치 일선에서 일단 모두 물러났다. 그러나 5년 뒤 1985년 2월 12일 제12대 총선에서 집권당에 맞서 YS와 DJ 兩金이 손을 잡고 신당 바람을 일으켰던 신한민주당이 제1야당으로 부상했다. 정계에 복귀한 JP는 제12대 총선에서 원내교섭단체로 살아남은 한국국민당의 공화당 잔류 세력을 포섭하며 신민주공화당을 창당했다. 이로써 3金이 다시 정치 일선에 나서게 됐다. 결과적으로 1980년 봄 예상했던 3金 대결은 7년이 지난 1987년 제13대 대통령 선거에 야당 후보로 출마한 3金이 집권당 민주정의당의 노태우 후보와 일전을 겨루면서 이뤄지게 되었다.

제13대 대통령 선거 후보 포스터.

1979년 12·12 사태, 1980년 5·17 비상계엄 전국 확대와 함께 정권을 장악한 신군부의 주역은 전두환 국보위 상임위원장이었다. 그는 통일주체국민회의에서 진행된 간접선거를 거쳐 11대 대통령 6개월과 12대 대통령 7년의 임기를 마쳤다. 그 뒤 또 다른 신군부 주역 노태우 민정당 대표위원에게 정권을 이양하려고 시도했다.

그러나 노태우 대표가 1987년 6월 항쟁에 굴복하는 6·29 선언을 통해 헌법 개정과 대통령직선제 등을 약속함으로써, 헌법 개정 후 실시된 첫 대통령직선제 선거가 바로 1987년 12월 16일 치러진 '1노 3김'(1盧 3金)의 제13대 대통령 선거다. 이때 민주화운동에 앞장서 왔던 야권 兩金의 단일화 여부에 국민적 관심이 쏠렸지만, 단일화는 끝내 무산되었다. 모두 8명의 후보가 난립하여, 국민적 관심사는 노태우 여당 후보와 3金의 대결 결과로 바뀌었다.

당시 KBS 정치부 국회 반장이었던 저자는 KBS와 MBC 방송 밤 9시 뉴스 시작을 알리는 시보 '땡' 소리가 나면 으레 전두환 대통령 뉴스가 나온다고 하여 '땡전 뉴스'라고 국민에게 지탄받는 분위기 속에서 과연 공정한 선거방송을 할 수 있을지를 놓고, 국회 출입기자들과 연일 머리를 맞댔다. 고민 끝에 보도국 3층 한가운데 조그만 선거상황실까지 만들어 놓고 '공정한 선거 보도'를 다짐했다.

첫 번째로 풀어야 하는 과제는 1盧 3金 4명에게 어떤 비율로 뉴스 시간을 배분해야 공정성을 담보할 수 있느냐는 것이었다. 당시 집권당 민정당 측에서는 여야 후보의 대결이니만큼 뉴스 시간 비율은 당연히 1 대 1 같은 양으로 다뤄야 한다고 주장하는 데 반해, 야당 후보들은 4명의 후보에게 똑같은 시간을 배분해야 한다고 맞섰다. 여기다 나머지 군소정당과 무소속 후보 4명도 공평한 기회를 달라고 요구하고 나섰다.

선거 담당 기자들은 장시간 토의를 거쳐 일단 군소정당과 무소속 후보 4명은 한데 묶어서 일주일에 한 번 정도 보도하되, 1盧 3金 4명에 대한 리포트 길이를 놓고는 다양한 의견이 엇갈렸다. 특히 3金 중 YS와 DJ 兩金은 같은 비중으로 보도하는 것이 공정하다는 데는 쉽게 합의가 이뤄졌지만, JP의 경우는 의견이 엇갈린 끝에 비록 야당 후보이지만 군 출신으로 보수적인 여당 성향이 짙은 만큼 노태우 후보와 JP의 합이 兩金의 보도 시간과 같게 하는 쪽으로 의견을 모았다. 다만 노 후보는 여당 후보인 만큼 JP보다는 비중 있게 다뤄야 한다는 점도 고려해서 '4 대 3 대 3 대 2'의 비율이 가장 바람직한 시간 배분이라고 결론을 내렸다. 그 결과 KBS 밤 9시 뉴스에는 대체로 노태우 후보

1987년 KBS 제13대 대통령 선거상황실에서 저자.

리포트는 2분, YS와 DJ는 각각 1분 30초, JP 는 1분을 기준으로 제작하여 보도하게 되었다. 1盧 3金, 4명의 후보에 대한 이때의 보도기준은 어느 특정인의 압력이나 아이디어에 따른 것도 아니고, 선거상황실에서 공정한 선거방송을 위해 머리를 짜냈던 일선 기자들의 지혜로 만든 것이기에 외부에서 끊임없이 제기되던 공정성 시비에 떳떳하게 맞설 수 있었다.

1987년 10월 통일민주당 후보로 YS, 11월 평화민주당 후보로 DJ가 출마를 선언함으로써, 兩金은 끝내 국민적 여망을 저버리고 후보단일화에 실패하여 야당 후보끼리 한 치의 양보도 없는 치열한 경쟁에 들어갔다. YS 측에서는 우세지역인 부산과 경남의 유권자 수(數)가 가장 많은 만큼 승산이 있다고, DJ 측에서는 비록 호남 유권자 수

1988.1.1. 국회의사당 앞에서, KBS 정치부 국회 출입기자 기념사진 (좌로부터 민충기, 윤덕수, 조봉환, 문재철, 표철수, 저자, 배석규, 박원기, 박상수, 이정식, 허원제, 조달훈).

는 적지만 인구가 많은 수도권에서 우세한 만큼 이른바 '4자 필승론'으로 승리를 자신하고 있었다. 이와는 대조적으로 신민주공화당 후보로 나선 JP는 여당 노태우 후보를 지지하는 보수층 유권자들의 표를 잠식할 가능성이 많은 것으로 판단한 집권 세력으로부터 집요하게 견제를 받았다.

이러한 선거 구도 아래 집권당인 민정당은 선거전이 본격화되면서 점차 지역감정이 표면화되어 후보에 따른 지역별 쏠림현상이 심화하리라 보았다. 민정당은 선거전 중반부터 노태우 후보 지역인 대구와 경북(TK) 지역에서는 1위를 점하되, YS의 부산과 경남(PK), DJ의 호남, JP의 충남에서는 1위는 포기하고 2위를 노리는 득표 전략을 구사했다. 실제 개표 결과에서도 민정당의 예측대로 지방색이 그대로 나타났다.

89%를 넘으며 상당히 높은 투표율을 보인 이번 선거의 개표 결과를 보면, 노태우 후보는 TK와 강원도에서는 1위를, PK·호남·충청도에서 각각 2위를 기록하는 데 성공했다. 그 결과 최종득표율은 노태우

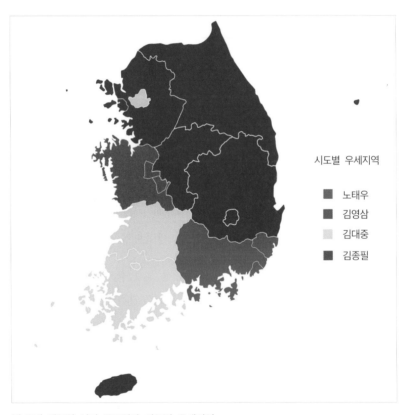

제13대 대통령 선거 투표결과 시도별 우세지역.

36.6%, 김영삼 28.0%, 김대중 27.0%, 김종필 8.1%로 나타났다. 야권 후보 YS와 DJ 두 사람이 후보단일화에 성공했다면 득표율 50%를 어렵지 않게 넘어 승리했을 것으로 분석됐다.

시도별 네 후보의 우세지역을 정당 색으로 보면 지역감정이 확연히 드러난다. 특히 서울시의 경우 노태우 후보와 YS, DJ 세 사람의 득표율이 30.0%, 29.1%, 32.6%로 매우 근소한 차이를 보였으나, DJ가 최다 득표를 함으로써 평화민주당의 노란색으로 칠해졌다.

선거전이 가열되면서 집권당 노태우 후보에 유리한 방향으로 불공정 보도를 하도록 일부 보도국 간부들이 여러 가지 편법을 시도했다. 하지만 선거상황실에서 필요할 때마다 기자들과 간부들이 마주한 간담회를 통해 공정한 선거방송을 그런대로 유지해 나갈 수 있었다. 그럼에도 불구하고 12월에 접어들자, 뜻하지 않은 불공정 보도 시도가 발생했는데, 이 가운데 공정 보도를 지켜내지 못한 대표적 사례와 지켜낸 사례는 다음과 같다.

이 내용은 저자가 고려대 석좌교수로 재직하며 '공영방송 이론과 실제'라는 강의를 통해 공개한 뒤, 2005년 출판한 저서 《방송인 김인규의 공영방송 특강》 가운데 'TV 뉴스의 불공정 보도 사례 연구'에 기술한 것으로 그대로 인용한다.

무심천 청중 어디로 사라졌나?

1987년 12월 16일 제13대 대통령 선거를 앞두고 주말만 되면 1盧3金 네 명의 후보가 전국 주요 도시를 돌며 수많은 청중을 모아 놓고 유세전을 벌였다.

12월 초 주말에 김영삼 민주당 후보가 충북 청주시 무심천에서 주말 유세를 벌였다. 무심천 변에는 수만 명이 넘는 인파가 몰렸는데, 이를 노태우 민정당 후보의 유세 리포트 다음으로 보도한 KBS 9시 뉴스 두 번째 리포트에서는 밀집한 인파의 모습을 볼 수 없었다. 당시 리포트를 직접 제작한 취재기자는 물론이고 취재 데스크까지 확인한 리포트의 인파 화면이 불과 몇 분 사이에 다른 화면으로 바뀐 것이다.

정치부 기자들의 거친 항의 결과, 당시 보도 책임자의 지시로 영상취재부 간부가 9시 뉴스 직전에 직접 화면을 조작한 것으로 드러났고, 오랜 기간 KBS 정치부 기자들은 대통령 선거에서 패한 김영삼 후보 측으로부터 "무심천 청중 어디로 사라졌나?"라는 뼈아픈 질문을 감수해야만 하였다. 정치권력으로부터 직접적인 압력이 있었는지는 확인되지 않았으나 이는 보도 책임자의 과잉 충성에서 비롯된 것으로, 화면 조작이라는 차원에서 사실성을 확보하지 못한 불공정 보도의 대표적 사례라고 할 수 있다.

이와 함께 당시 집권세력은 보수층의 표 분산을 막기 위해 김종필 공화당 후보의 유세 뉴스를 가능한 한 축소 보도하도록 노골적인 압력을 행사했다. 실례로 대통령 선거를 코앞에 둔 12월 초 김종필 주말 유세 뉴스를 9시 리포트로 다루지 않고 단신 뉴스로 처리하려고 시도했다.

그러나 KBS에서 정치부 기자들의 강력한 반발에 부딪혀 비록 길이 1분 정도의 짤막한 리포트로 방송되었다.

하지만 당시 지상파TV로서 유일한 경쟁사인 MBC 뉴스데스크에서는 이날 JP 주말 유세를 끝내 리포트가 아닌 단신 뉴스로 처리했다. 그날 밤 공화당 지지자들이 MBC 본사로 몰려가 항의하면서 건물 안에 있던 TV 중계차를 크게 파손하는 사태까지 빚어졌다. 이는 정치권력의 압력에 보도국 간부들이 굴복하면서 빚어진 균형성을 잃은 불공정 보도였다.

1987년 제 13대 대통령 선거는 1980년 '서울의 봄'의 주인공들인 3金이 모두 출마했지만, 결국 1盧 3金의 대결로 치러졌다. 선거 중반부터 호남과 부산 등에서 폭력 사태가 벌어지는 등 극심한 지방색으로 얼룩진 대통령 선거라는 아쉬움을 남겼다. 특히 노태우 당선자의 최종 득표율이 37%에도 미치지 못해 선거 막바지 11월 29일에 발생한 'KAL기 폭파사건'이라는 호재에도 불구하고, 역대 직선제 대통령 선거에서 가장 낮은 지지율로 당선되었다는 불명예도 안게 되었다.

제13대 총선과 지역분할

당시 여당인 민주정의당은 노태우 대통령 당선과 취임이라는 여세를 몰아 국회의원 선거법 개정을 통해 기존의 중선거구에서 소선거구제로 바꾼 뒤, 1988년 4월 26일에 실시된 제13대 총선에서 압승을 예상했다. 그러나 여당인 민주정의당과 야당인 평화민주당·통일민주당·신민주공화당 등을 포함해 모두 14개 정당이 참여한 제13대 총선은 75.8%라는 높은 투표율을 보인 결과, 집권 여당인 민주정의당이 총 의석 299석 가운데 42%인 125석을 확보하는 데 그침으로써, 한국 정치사상 최초로 여소야대 국회가 등장하여 정부 여당의 독주가 사라지고 16년 만에 국정감사권이 부활하는 등 국회의 위상이 높아졌다. 특히 3金이 이끄는 DJ 평화민주당이 70석, YS 통일민주당이 59석, JP 신민주공화당이 35석을 각각 차지했다. 그러나 제13대 총선은 집권 여당의 TK(대구·경북)와 함께 3金의 호남·PK(부산·경남)·충청으로 지역 분할 구도가 과거 선거보다 심해졌다는 부정적 평가를 받았다.

당시 KBS 정치부 국회 출입 차장이었던 저자는 제13대 총선을 되돌아볼 때 잊을 수 없는 것이 '공정한 선거보도 준칙'이다. 선거 때만 되면 TV뉴스의 편파방송 시비가 일어나게 마련이고, 이의 재발 방지를 위해 영상매체 기자들도 나름대로 최선을 다했다. 1985년 2월 12일 제12대 총선에서 정치권력의 외부압력과 방송사 고위층의 과잉 충성으로 TV뉴스가 양적, 질적인 면에서 모두 여당 후보에게 유리한 편파보도를 되풀이했던 것이 사실이었다. 이 같은 제12대 총선 보도의 전철을 밟지 않기 위해 1988년 제13대 총선에서는 KBS 정치부 기자들이 자발적으로 선거 보도 내부준칙을 처음으로 만들어 선거 보도에 적용하기 시작했다. 주로 합동연설회의 9시 뉴스 리포트를 제작하는데 공정성을 확보하기 위해 필수적 가이드라인을 대외 비공개로 만들어 놓고, 선거취재기자는 물론 영상취재·편집부 등에 협조를 요청했다.

이 '보도 수칙'에는 합동연설회 보도에서 여당 후보를 먼저 보도하던 관행을 깨고 연설 순서에 따라 보도하며, 후보별 같은 시간(*equal time*)과 같은 화면 크기(*equal size*), 그리고 동일한 자막(*equal super*)으로 리포트를 제작해야 한다는 원칙이 구체적으로 명시되어 있었다. 이러한 노력으로 제13대 총선에서 관심을 모았던 합동연설회 보도가 제12대 총선과는 전혀 비교가 안 될 정도로 형평성을 되찾자 많은 시청자에게 긍정적인 반응을 얻었지만, 이번 선거 보도를 담당했던 KBS 정치부 정당 출입 기자들은 몇 달 뒤 타 부서로 전원 교체되는 수난을 겪기도 했다. 1996년 4월 11일 제15대 총선을 앞두고 KBS는 그때까지 여러 차례 보완한 선거 보도 수칙을 대외에 공개했는데, 3월 6일 〈한국기자협회보〉에 그 내용이 자세히 실렸다.

〈합동연설회의 보도수칙〉

1. 가급적 전국뉴스 시간대에 수도권, 영남, 호남, 중부지역의 1곳씩을 선정하여 매일 2~3곳의 연설회를 보도한다.

2. 정치부의 취재, 보도를 원칙으로 한다.

3. 후보자의 연설내용・연설회장 분위기・청중반응 등을 보도한다.

4. 모든 후보자를 당일의 연설 순서대로 보도한다.

5. 후보자별 육성의 길이는 균등하게 한다.

6. 육성 내용은 가급적 동일한 주제로 편집한다.
   예) '내가 당선이 되면'

7. 후보의 화면 크기와 앵글은 같게 한다.

8. reaction cut과 청중 박수 등도 형평을 맞춘다.

9. 후보자의 자막(super) 형식과 내용을 통일한다.

〈가두, 개인연설회 보도수칙〉

1. 지역방송국내 선거구를 대상으로 하루 1~2개 선거구를 로컬뉴스 시간대에 보도한다.

2. 지역방송국의 취재, 보도를 원칙으로 한다.

3. 후보자의 연설내용과 연설회장 전체분위기만 보도한다.

4. 가급적 모든 후보를 기호순(記號順)으로 보도한다. 다만 후보난립 지역의 경우 유력한 후보에 초점을 맞춘다.

5. 당일 제작・보도를 원칙으로 하되, 부득이한 경우 이틀간 보도한다.

6~10. 〈합동연설회의 보도수칙〉 5~9와 동일하다.

지역감정으로 얼룩진 제15대 총선

1987년 '1盧 3金' 대통령 선거가 비록 야당 후보였지만 3金이 대권을 놓고 대결을 벌인 유일한 대선(大選)이었다면, 1996년 4월 11일에 실시된 제15대 총선은 3金이 선두에 나서 이끈 총선이었다. 그러나 제15대 총선은 3金의 주도로 망국적 지역감정이 되살아나 극성을 부린 대표적인 사례라고 평가받고 있다.

YS가 이미 1993년부터 14대 대통령으로서 집권당인 민주자유당(1995년 신한국당으로 개명)을 이끄는 가운데, 정계 은퇴를 선언했다가 외유 후 1995년 정계 복귀를 선언한 DJ는 곧바로 창당한 새정치국민회의(국민회의) 총재로, 민주자유당 대표였던 JP는 YS 대통령과의 불화로 탈당하며 창당한 자유민주연합(자민련) 총재로, 3金이 제15대 총선에서 진검승부를 겨루게 된 셈이다.

선거 초반에는 DJ의 국민회의가 개헌저지선 100석을 넘을 것으로 예상했으나, 야권이 국민회의와 통합민주당으로 분열하면서 의외의 선거 결과가 나왔다. YS의 신한국당은 지역구 107석, 전국구 32석으로 총 139석을 확보하며 선전했다. 특히 야권 분열로 어부지리를 얻으며 서울 지역구 47개 중 27개에서 당선되어 여당 최초로 서울에서 야당(19석)보다 많은 의석을 얻는 승리의 기쁨을 누렸다.

반면, DJ가 이끈 국민회의는 지역구에서 66석에 전국구 13석 등 총 의석 79석으로 당초 목표 100석에 크게 모자라며, DJ의 전국구 당선이 물거품이 되어 버렸다.

　JP가 이끈 자민련은 지역구에서 41석, 전국구에서 9석 당선하며 총
50석을 확보해 기대 이상의 성과를 거두었다. 특히 JP의 연고 지역인
충청도는 물론 TK 대구와 경북, 강원도에서도 자민련의 '녹색 바람'
을 일으켜 주목을 받았다. 아마도 이때 JP의 위력을 실감한 DJ가 다
음 해 1997년 제 15대 대통령 선거의 승리를 위해 'DJP 연대'를 성사

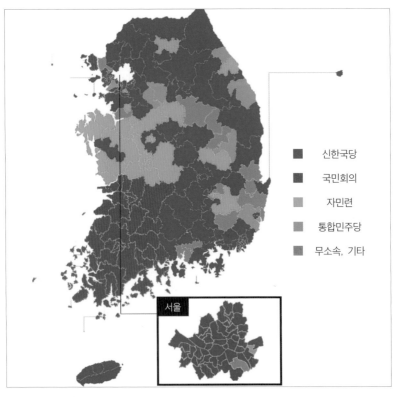

제 15대 총선 결과.　　　　　　　　　　　　　© Communist 1968

시킨 것으로 보였다.

지역별 우세 지역을 정당 색깔로 보면, 당시 신한국당 파란색은 명확히 구별되지만, 국민회의와 자민련은 당색(黨色)을 각각 녹색과 초록색으로 내세워 언뜻 보기에 구별하기 힘들었다.

특히 제15대 총선에서는 국내 선거방송사상 처음으로 출구조사(exit poll)가 지상파 3사 중심으로 도입되었고, 여러 차례 여론조사를 통한 예측조사도 시도되었다. 특히 개표방송은 다양하게 컴퓨터를 활용하며 선진화된 변화를 보였으나, 3金의 주도 아래 지역감정으로 얼룩지고 말았다는 아쉬움을 남겼다. 언론인의 시각으로 볼 때, 다행스러운 것은 YS에 이어 DJ도 대통령에 당선되며 兩金이 자연스럽게 정계에서 은퇴함으로써, 3金에 의한 지역감정이나 지방색을 부추기는 선거는 제15대 총선을 고비로 수그러들었다는 점이다.

제 2부

인간적인,
너무나 인간적인

제 7장

휘호로 본 3金

YS의 '대도무문'(大道無門)

1980년 '서울의 봄'은 일순간에 사라지고 상도동 자택에 5월 20일부터 연금 상태에 있던 신민당 총재 YS는 몇몇 출입기자에게 글씨를 직접 써서 전달했다.

1980년 6월 초쯤 당시 김덕룡 YS 비서실장에게 여의도 KBS 후문 앞에서 기다리고 있다는 연락을 받았다. 가택연금 중인 YS에게 무슨 일이라도 났나 하는 본능적 궁금증에 급히 나가 보니 김 실장은 허리 춤에 끼고 있던 두루마리 하나를 건네줬다. "총재님이 며칠 전 울분을 참으면서 쓴 것이니 잘 보관해 달라"고 당부했다. 그러면서 마치 은밀한 비밀문건처럼 이 두루마리를 남들 보지 않게 얼른 감추라는 몸짓을 했다. 지금 생각하면 별로 문제 되지 않을 글씨 한 점이지만 당시만 해도 야당 정치인들에게 배어 있던 몸짓이었다.

1980년 6월 가택연금 중 붓글씨로 울분을 다스리던 YS가 출입기자들에게 써 보낸 휘호.
'門' 자의 마지막 획에서 울분에 찬 손 떨림의 흔적이 그대로 묻어난다.

사무실에 들어와 풀어 본 두루마리에 쓰여 있던 휘호가 바로 YS의 유명한 '대도무문'(大道無門)이다. '사람으로서 마땅히 지켜야 할 도리나 정도에는 거칠 것이 없다'는 의미의 '大道無門'은 YS가 자주 사용하던 말이라 익숙했지만, 글씨 오른쪽에 당시 출입기자였던 저자의 이름 밑에 '동지'(同志)라고 쓴 호칭이 사뭇 의외였다. 당원도 아니고 그렇다고 충성을 맹세한 '끈끈한 사이'도 아닌데 말이다. '동지'라는 호칭과 함께 힘이 넘치게 써내려 간 필치에서 당시 초년병 정치부 기자의 눈으로도 YS의 야망과 힘을 읽을 수 있었다.

DJ의 '한산도야음'(閑山島夜吟)

1990년 2월, 10년 넘는 정치부 기자 생활을 마치고 정치부장을 명받았다. 그해 여름 당시 평화민주당 총재 DJ가 한때 동교동 출입기자였던 저자의 승진을 축하한다며, 한눈에 봐도 정성 들인 서예작품을 액자에 담아 보내왔다.

DJ가 써 보낸 글씨는 다름 아닌 이순신 장군의 〈한산도야음〉(閑山島夜吟)이라는 시조였다. 국난에 처한 나라를 지키기 위해 잠 못 이루며 고민하는 대장부의 심정을 토로한 글인데 아마도 DJ 자신의 심정을 에둘러 표현한 듯 보였다.

그런데 이 시조 내용보다도 더 눈길을 끈 것은 저자에 대한 호칭이

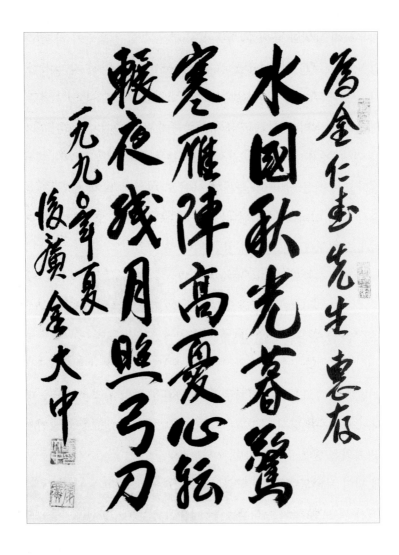

1990년 DJ가 저자의 승진을 진심으로 축하하며 써 보낸 이순신 장군의 시조 〈한산도야음〉. 20자나 되는 글을 정성스럽게 쓴 달필로서 공영방송 정치부장으로서 공정성을 지켜달라는 메시지가 담겼다.

었다. 당시 저자가 정치부장이었던 만큼 당연한 '부장'(部長)이라는 호칭 대신 '선생'(先生)이라고 쓴 게 아닌가. '선생'이라는 표현은 상대를 존경하며 매우 높게 부르는 존칭어인데 말이다. 언뜻 YS가 써준 '동지'와 비교가 됐다. 이 호칭만 보더라도 두 사람의 정치 스타일 차이를 확인할 수 있었다.

JP의 '시화세태'(時和世泰)

DJ에게 붓글씨를 받은 지 몇 달이 지난 1990년 가을, 이번에는 당시 민주자유당 최고위원 JP로부터 글씨 한 점을 액자로 전달받았다. 그 당시까지 청구동을 출입한 적이 없기 때문에 저자에게 JP는 그리 가까운 정치인이 아니었다.

그가 보낸 휘호는 '시화세태'(時和世泰). '시절이 화평하고 세상이 태평한 살기 좋은 세상'이라는 의미의 이 글을 당시 KBS 정치부장이었던 저자에게 보낸 것은 아마도 몇 달 전 이뤄진 '3당 합당' 주역의 한 사람으로서 이를 긍정적으로 보이고 싶은 심정을 전하려는 뜻처럼 느껴졌다.

휘호의 내용도 내용이지만 JP는 저자에 대한 호칭을 어떻게 썼을까 궁금증이 앞섰다. 당시 정치부장이었던 저자 이름 뒤에 '부장'(部長)이라고 쓴 것이다. '동지'나 '선생'이라는 호칭처럼 어떤 주관적 의미

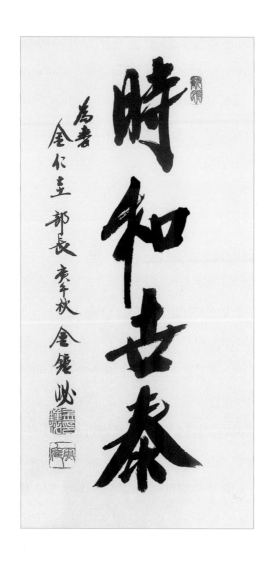

JP가 뒤늦게 저자의 승진 소식을 접하고, 써 보낸 휘호 '시화세태'(時和世泰). 당시 3당 합당을 긍정적으로 보이려는 마음이 엿보인다.

를 배제한 채 현 직함 그대로 '부장'을 쓴 것이다.

혹자들은 JP가 이런 객관적 표현을 주로 쓰는 것, 다시 말해 정치적 용어 사용을 자제한 행태가 결과적으로 당시 한국 정치 풍토에서 3金 가운데 그만이 대통령에 오르지 못한 이유 아니냐고 말하기도 했다.

3金 휘호의 교훈

1970~1980년대만 해도 정치인들이 정성 들여 직접 쓴 자신의 휘호를 취재기자들에게 선사하는 일이 다반사였다. 그래서 오랜 기간 여야 정당을 취재했던 저자도 서예 실력을 갖춘 수십 명의 정치인으로부터 글씨를 받아 보관해 왔다. 그런데 저자처럼 운 좋게도 당시 우리나라 정치를 주도했던 3金에게 글씨를 모두 받은 것은 매우 드문 일이다. 그런 만큼 3金의 정치를 지켜본 정치부 기자로서의 의무감에서 이들의 글씨를 오랫동안 보관해 왔다.

2009년 11월 KBS 사장으로 부임하면서, 사장 접견실에 이 세 분의 글씨를 나란히 걸어 놓았다. 한국정치의 한 단면을 보여주고 싶다는 단순한 의도였는데, 의외로 사장 접견실을 찾은 수많은 외부 인사와 환담할 때 좋은 소재로 활용됐다. 특히 일본이나 미국 등 외국의 주요 언론사 관계자들은 이 세 사람의 글씨를 한꺼번에 볼 수 있다는 사실에 감탄과 함께 깊은 관심을 표명했다.

2010년 2월 4일 KBS 인기프로그램 〈진품명품〉의 김영복 고미술 감정사 등이 KBS 사장실과 응접실에 걸린 청전(靑田) '이상범'의 춘하추동 4쪽 병풍과 김창열 화백의 〈물방울〉 대작 등 고가의 미술품을 감정하는 김에 접견실의 3金 글씨의 감정도 받아 보았다.

서예 면에서는 JP의 솜씨가 가장 뛰어나고, 그다음 DJ, YS의 솜씨라는데 이견이 없었다. 이왕 내친김이라 이들 감정사에게 실례를 무릅쓰고 감정가격을 물어보니, 의외의 답변이 나왔다. 단연 DJ 작품의 감정가가 제일 높고, 그다음으로 YS의 '대도무문'(大道無門), 그리고 JP의 '시화세태'(時和世泰)가 감정가격으로는 제일 낮다고 이구동성으로 말하는 것이 아닌가? 서예 솜씨가 제일 뛰어나다고 감정한 JP의 작품이 제일 낮은 감정가를 받은 이유를 묻자, 이들은 DJ, YS 두 사람은 대통령이 되었지만, JP는 대통령이 되지 못했기 때문이라고 주저 없이 답했다.

KBS 사장 접견실에 3년간 보관 중이던 이 3金 글씨는 저자가 퇴직한 후 강남에 마련된 개인 사무실에 걸려 있을 때, YS의 서거를 계기로 언론에 대서특필되기도 했다. 2015년 11월 22일 YS가 서거하자 언론사들은 다양한 특집기사를 게재하기 시작했는데, 저자가 3金 글씨를 모두 보관하고 있다는 사실을 접한 〈중앙일보〉에서 3金 휘호를 보관하게 된 경위를 바탕으로 11월 29일 일요일 〈중앙선데이〉 5면에 "80년대 가택연금 당하자 '대도무문' 쓰며 울분 달래"라는 제목과 함께

2015년 11월 29일 일요일 〈중앙선데이〉에 실린 3金 휘호 기사. 이를 계기로 저자가
3金 모두에게 휘호를 받은 사실이 널리 알려졌다.

'YS와 한국정치 옆에서 지켜본 3金 시대'라는 부제 아래 3金 휘호 관련 기사를 전면에 소개했다.

이를 계기로 과거 저자와 비슷한 연배의 정치부 기자들 사이에는 때아니게 3金에게 받은 휘호가 화제가 되었는데, 3金 가운데 한 분 또는 두 분으로부터 글씨를 받은 당시 정치부 기자들은 여러 명이었으나, 세 분 모두에게 받은 언론인은 저자 외에 한 명뿐이었던 것으로 알려졌다.

2017년 6월 저자는 경기대학교 총장으로 부임하자, 이 3金 휘호를 수원 캠퍼스 총장실에 걸었는데, 총장실을 방문한 외국인들, 특히 중국이나 일본 방문객들은 한국정치를 주도했던 세 분의 글씨를 한자리에서 접하는 것에 감탄하면서 3金 휘호 앞에서 빠짐없이 기념사진을 촬영했다. 본의 아니게 3金 글씨가 경기대학교의 홍보에 한 몫을 단단히 한 셈이다.

10년 넘게 3金 휘호를 보관하다 보니 세 분이 저자에게 준 몇 가지 교훈을 깨달았다. 우선 YS는 가택연금을 당한 상태에서도 떳떳하게 정도(正道)를 걸어 나가겠다는 강인한 정신력을 보여주었다. DJ의 글씨에서는 그의 정성스러움을 느낄 수 있다. 다른 두 분은 모두 네 글자의 휘호를 써준 데 비해, DJ는 이순신 장군의 시조 〈한산도야음〉(閑山島夜吟) 20자를 붓글씨로 쓰는 정성을 보여주었다. JP는 앞서도 언급했듯이 저자에게 兩金이 정치적 호칭을 쓴 것과 달리 객관

2017.7.19. 제임스 최 주한 호주대사 부부와 저자.

적 호칭을 사용하고, 서예 솜씨도 제일 뛰어나다는 평가를 받으며 현
대 사회가 요구하는 문화인으로서의 면모를 여실히 보여주었다.

비록 세월이 흘러 3金 시대도 잊히고 있지만, 이들은 모두 지역적
으로는 경상도, 전라도, 충청도를 기반으로 하는 정당정치의 보스이
자 한국 현대정치사의 주역이었다. 그러나 YS, DJ, JP 세 분은 여러
면에서 뚜렷하게 구별된다. YS와 DJ는 일생동안 지녔던 대통령의 꿈
을 이뤘고, JP는 비록 제2인자에서 멈췄지만 나름대로 그들이 지닌
독특한 개성과 후대 정치인들에게 남긴 교훈 등 한국 정치에 큰 발자
취를 남겼다.

제 8장

개성이 뚜렷한 3金

저자가 취재기자로서 30년간, 데스크로서 8년 동안, 나아가 방송사 사장으로서 만나 본 3金은 같은 시대의 정치인이면서도 너무나 다른 독특한 개성을 지니고 있었다. 종합적으로 누가 더 잘났다고 평가할 수 없지만, 이들 세 사람에게서 두드러지게 느꼈던 남다른 개성은 후세 정치인은 물론 일반인들도 본받을 만하다고 생각한다.

우선 술자리나 식사 자리에서 분위기를 부드럽게 만드는 화술로는 JP가 단연 돋보였다. 비록 대통령은 되지 못했으나 국무총리를 두 번이나 하며 9선 의원을 지낸 JP가 풍운아(風雲兒)로서 그가 직접 겪은 다채로운 경험담을 재미있게 풀어내는 것을 듣다 보면, 한두 시간이 후딱 지나가곤 했다. 그래서 JP와의 회동이 끝날 때는 아쉬움과 함께 다음 자리를 고대하기 마련이었다. 다음으로 DJ는 별로 음주를 즐기지는 않았지만, 일본말로 '와이당'(猥談)에 가까운 화제를 꺼내 좌중을 웃음바다로 만들곤 했다. 이에 비하면 YS는 음주도 꺼리는 데다 사뭇 사무적인 화제로 일관해 무미건조한 분위기로 대화를 마친 경우가 없지 않았다.

식당이건 술자리이건 계산하는 방법에서도 3金 사이에 큰 차이가 있었다. 우선 YS는 밥값이나 술값이 얼마인지 물어보지도 않고 나가면 계산은 비서팀의 몫이었다. 이에 반해 DJ는 술자리가 파하기 직전 영수증을 본 후, 자신의 지갑에서 정확한 액수를 현금으로 지불하는 경우를 여러 번 목격했다. JP의 계산 방법은 독특했다. 어느 때인지 술자리를 마치면서 옆에 있던 마담에게 "오늘 술값이 얼마인지 모르겠지만 이것으로 합시다"라며 바지 호주머니에서 불쑥 수표와 현금을 한 움큼 건네주었다. 나중에 궁금한 나머지 알아봤더니, 이미 어느 정도 예상하고 준비한 '한 움큼'이라 별로 넘치는 계산은 아니었지만 멋지게 보였다.

YS, 부지런한 승부사

1979년부터 신민당을 취재하던 저자는 2015년 서거 전까지 이런저런 이유로 YS를 취재하거나 그와 대화를 나눠 보았다. 30여 년 지켜본 결과, 'YS' 하면 '부지런하다'와 '철저한 승부사'라는 이미지가 떠오른다. 한마디로 YS의 정치적 캐릭터를 '부지런한 승부사'라고 요약하고 싶다.

우선 YS는 매우 부지런한 정치인이었다. 취재기자 시절에는 YS의 부지런함을 별로 느끼지 못했다. 그러다가 정치부장이었던 1991년에만 YS와 두 차례나 조찬을 함께한 적이 있었다. 조찬 약속시간이 아침 7시 30분이지만 초청자인 YS가 늘 약속 시간보다 일찍 도착한다는 수행비서의 귀띔을 듣고 7시 20분에 도착했다. 그런데 YS는 마포에 있는 조찬 장소에 이미 앉아 있는 것이 아닌가. 그래서 두 번째 조찬 때는 아침 7시 15분에 도착했지만, 이날 역시 YS가 먼저 와서 약속한 방에 이미 착석해 있었다. 당시 수행비서는 보통 약속 시간보다 20분 정도 미리 도착하는 것이 YS의 생활 습관이라고 말했다. 이런 부지런한 성격 덕분인지 YS는 우리나라 역대 최연소 국회의원과 최연소 야당 총재라는 2개의 기록을 갖고 있다.

다음으로 YS의 승부사(勝負士)다운 기질은 앞서 1980년 '서울의 봄'에서 기술했듯이, 무려 11차례나 이뤄졌던 兩金 회담과 회동에서 줄곧 재야인사 DJ를 YS 특유의 '단순 논리'로 제압하는 결과로 표출되었다. 그런 YS가 1988년 제13대 총선에서 DJ의 평화민주당에 제1야당의 자리를 빼앗기자, 1990년 3당 합당을 통해 당시 여당인 민주자유당의 대표최고위원을 맡으면서, "호랑이를 잡기 위해 호랑이 굴로 들어간다"라는 말로 여권 지도자로의 변신을 스스로 변호하기도 했다. 그러나 저자가 정치부장이었던 1991년 두 차례 조찬에서 YS는 이미 경쟁상대를 DJ에서 노태우 당시 대통령으로 바꿨는지, DJ에 대

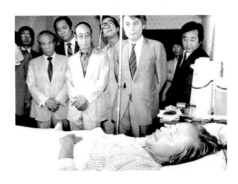

1983년 민주화 5개항을 요구하는
성명을 발표하고 단식에 돌입한 YS.

한 언급은 생략한 채 '노태우 대통령이 민정계 후보를 검토하겠지만
결국은 나를 차기 대통령 후보로 지명할 수밖에 없을 것'이라고 누차
강조했다.

이런 부지런함과 승부사 기질을 바탕으로 YS는 3金 가운데 제일 먼
저 1992년 제14대 대통령 선거에서 승리했다. 특히 제14대 대통령
선거를 일주일 앞두고 1992년 12월 11일 부산 시내 한 음식점에서 발
생한 이른바 '초원복국 사건'에서 그의 승부사 기질이 빛을 발했다. 당
시 법무부 장관과 부산의 기관장들이 지역감정을 부추겨 통일국민당
의 정주영 후보를 견제하려던 부정선거 음모를 정 후보 측에서 도청
해 폭로함으로써 큰 파문이 일었을 때, 집권당 후보인 YS는 "나는 이
번 선거의 최대 피해자이며, 공명선거를 이룩하겠다는 나의 소박한
꿈에 너무나도 큰 상처를 주었다"라고 말하면서, '부산 사건은 음해공
작! 기필코 승리!'를 외치며 불리했던 막바지 선거국면을 자신에게
유리하게 돌렸다.

1993년 2월 25일 14대 대통령으로 취임한 YS는 집권 초반 누구도 엄두를 내지 못했던 '하나회 척결'을 통해 군사 쿠데타의 뿌리를 제거하고, 아무도 모르게 '금융실명제'를 전격 단행하는 등 승부사 기질을 마음껏 발휘했다.

DJ, 꼼꼼한 집념의 정치인

흔히 '김대중 선생' 하면 '과격한 재야인사'라는 이미지를 떠올린다. 이런 이미지 때문에, 뒤의 '잊지 못할 명언'(名言)에서 자세히 언급하겠지만, DJ는 자신이 과격하지 않음을 대내외에 보여주려고 애를 썼다. 저자가 비교적 가까이에서 관찰한 DJ의 성품은 '과격'과는 거리가 멀며, 한 가지 일에 매달려 마음이나 생각을 집중하는 '집념'(執念)이 무척 강한 사람이다. 그러다 보니 매사에 신중하게 생각하고, 성심성의껏 정성을 다하는 모습을 보였다.

단적인 예로, 3金이 저자에게 써준 휘호 가운데 YS와 JP는 네 글자를 썼지만, DJ는 무려 20자의 글씨를 쓰는 정성을 마다하지 않았다. 정치적 실례(實例)를 몇 가지 들면, 1971년에 처음 대통령 선거에 출마한 지 26년 만에 대통령의 꿈을 이뤘고, 2000년에 수상한 노벨평화상의 꿈을 이루기 위해서도 무려 10여 년의 노력을 아끼지 않았다. 이런 뜻에서 DJ는 혹독하게 추운 겨울을 견뎌내고 끊임없이 뻗어나가는

김대중 노벨평화상 기념관의 흉상. 목포 삼학도.

'겨우살이 덩굴식물'인 '인동초'(忍冬草)에 비유되곤 했다.

인내와 끈기뿐만 아니라 집념의 정치인 DJ의 꼼꼼함에 저자는 여러 번 놀라지 않을 수 없었다. DJ 서거 2주기를 맞은 2011년 8월 16일에 발간된 《김대중 연보(1924~2009)》는 그의 생전 85년 동안 기록했던 일정 메모를 총정리한 것이다. 전(全) 2권으로 된 《김대중 연보》를 전달받은 저자는 혹시나 해서 DJ와 식사를 나누었던 일정이 기록되어 있을까 하는 마음에서 기억을 더듬어 봤다. 1992년 8월 정치부장을 마치고 뉴욕특파원으로 떠나기 전에 DJ와 식사했던 기억이 떠올랐는데, 이 연보 1권 1992년 7월 23일의 기록을 보고 깜짝 놀랐다.

1992.7.23. '오전에 KBS 김인규 기자와 시내 식당에서 조찬을 하다.'

당시 저자는 KBS 정치부장이었는데, 아마도 DJ는 저자를 기자로 착각했었던 모양이다. 그래서 저자의 1992년 7월 23일 취재수첩을 열어 보니 조찬 1시간 동안 나눈 대화의 주요내용이 기록되어 있었다.

DJ 대선 앞두고 왜 갑자기 정치부장 바뀠나?

나 보통 KBS 정치부장 임기가 2년인데, 총선 때문에 오히려 늦어진 편이다.

DJ 손주환 공보처 장관 부임 후에 압력이 커졌다는데 사실이냐?

나 정치부장으로 하는 일에 지장이 없었다. 여론조사 결과에서 변화가 보인다.

DJ 최근 YS와 2~3% 차이 나지만 사실상 같다고 본다. 여당 후보란 선거 앞두고 악재가 생기기 마련이다.

또 하나 기억에 남아 있는 DJ와의 일정은 1997년 12월 제 15대 대통령 선거에서 승리한 DJ가 대통령 당선자로서 신문사 편집국장과 방송사 보도국장들을 초청한 오찬이다. 이 역시 《김대중 연보》 2권에 기록되어 있었다.

1998.1.10. '조선호텔 중식당에서 언론사 편집국장들과 오찬을 하다.'

이에 비해 저자의 취재수첩에는 DJ가 1시간 30분 동안 언론사 편집

보도국장에게 오찬을 베풀며, 당시 국민적 관심사인 IMF 위기 전망과 극복방안을 비롯해 정리해고를 위한 근로자 설득방안, 그룹 총수 면담 계획, 청와대 경호실 축소 방침 등에 관해 대통령 당선자 신분으로서 구상을 밝힌 내용이 기록되어 있다.

실제로 DJ는 1998년 1월 15일에 노사정 당사자가 노동정책 전반을 협의하는 노사정위원회(勞使政委員會)를 출범시켜 IMF 위기를 극복하는 데 성공했다. 2000년에는 그의 숙원이었던 남북정상회담을 성사시켜 노벨평화상까지 수상하는 등 '꼼꼼한 집념'으로 그의 꿈을 실현했다.

JP, 감성적 협상가

육군사관학교를 졸업한 군인이자 5·16 군사쿠데타의 핵심인물이었기에, JP는 언뜻 군인다운 엄격한 성품을 가진 인물로 생각하기 쉽다. 그러나 JP는 그림에도 타고난 소질에 있어 1967년에 당시 저명한 화가들의 모임인 '일요화가회'(日曜畫家會)의 명예회장으로 추대되기도 했다. 실제로 화가로 활동하며 많은 수채화를 그리는 등 미술·음악 등에서 예술적 소질과 재능을 보였다.

1990년 10월에 발간된 수요회동인산문집(水曜會同人散文集) 《자리는 같이 삶은 따로따로》에서 15명의 필자에 포함된 JP는 "우리나라에서는 서울, 부산, 광주에 일요화가회가 있는데 약 2백 명의 아마추어 화가들이 일요일 태양 빛과 대기 속에서 그림에 열중한다. 이들은 연말이 되면 자선 전시회를 열고 매상금으로 고아원 또는 양로원을 돕는다"라고 일요화가회를 소개했다.

1987년 10월 발행된 《JP 화첩》의 서문(序文)에서 자신이 그림을 그리게 된 배경을 설명하며 "어려서부터 비교적 취미가 다양해서 그림도 퍽 좋아했다. 그러나 중학 시절에 수채화를 그려본 후로는 화필을 잡아보지 못했다"라고 고백했다. 또 그림 그리는 것은 마치 '인생 여정'(人生 旅程)과도 같다고 썼다. 첫 페이지에는 '스케치에 열중하고 있는 김종필 한국 일요화가회 명예회장'이라는 주석과 함께 스케치하는 모습을 담은 사진을 실었다.

《JP 화첩》을 통해 무려 자신의 작품 60개를 공개했는데 모든 작품에 빠짐없이 짤막한 해설도 곁들이면서 그림을 그리게 된 배경과 당시의 심정을 알리고자 했다. 예를 들자면, 1976년 10월 작품 〈포플라 있는 신작로(新作路)〉에는 "총리직을 내놓은 지 근 1년 만에 처음으로 붓을 들었다"라고 설명함으로써, 1971년 5월부터 1975년 12월까지 맡았던 국무총리직에서 경질되며 이른바 '자의 반 타의 반' 정계 은퇴를 선언하며 느꼈을 허탈한 심정과 마음의 갈등을 '신작로'에 비유한 것처럼 보였다.

이처럼 미술과 음악 등 예술성이 풍부했던 감성적(感性的) JP는 1961년 5·16 군사쿠데타의 주역이자 박정희 대통령의 영원한 제 2

《JP 화첩》(왼쪽)과 화첩 첫 페이지에 실린 JP의 스케치 모습 (우).

김종필 (1976.10),
〈포플라 있는 신작로〉,
《JP 화첩》.

130

인자이면서도 1969년 3선개헌으로 정국이 소용돌이칠 때, "3선개헌 찬반 논의의 와중에 본인의 이름이 자주 거론되는 것이 무척 괴로웠지만, 이것 역시 피해갈 수 없는 숙명인 것을 … 당시 나에게 위안과 마음의 평온을 갖게 해준 것은 그림이었다"며 〈초가와 관악〉(草家와 冠岳)이라는 그림을 그리며 당시 괴로운 마음을 다소나마 풀었다는 설명을 남겼다. 5・16 군사쿠데타를 일으킨 지 8년밖에 안 된 시점에서, 이런 심리적 갈등을 겪었다니, 과연 "JP는 혁명가였나?"라는 의문이 들었다.

18년간 이어진 군사독재정권에서 박정희 대통령의 제2인자로서

김종필 (1969.6), 〈초가와 관악〉(草家와 冠岳), 《JP 화첩》.

두 번이나 국무총리를 역임한 JP는 10·26 사태와 같은 불행을 되풀이하지 않기 위해서는 대통령에게 집중되는 권력을 분산해야 한다며 줄곧 내각책임제로의 헌법개정을 주장했다. 내각제 개헌을 명분으로 1990년에는 '3당 합당', 1997년에는 'DJP 연합'을 성사시키는 등 협상가로서의 면모를 유감없이 발휘하며 당시 정국의 향방과 수습에 커다란 영향을 미쳤다.

비록 끝내 대통령이 되지는 못했지만, 예술성이 풍부한 감성적 협상가 JP는 두 차례 국무총리에 최다선 9선 의원으로서 우리나라 정치사에 길이 남는 '풍운아'다운 삶을 살았고, 2018년 6월 23일 향년 92세로 서거했다.

JP 1주기 추모식에서 현재 5선 의원인 국민의 힘 정진석 의원은 "선친의 공주고보 졸업동기생인 총리님 밑에서 정치를 시작해 정치인생을 이어 왔다"면서, "총리님은 3金 중 유일하게 대통령이 되지 못하셨지만 총리님 없이 다른 두 金은 대통령이 될 수 없었습니다. 청와대에는 총리님 자리가 없었지만 우리 현대사에는 총리님 자리가 분명하게 있다고 저는 믿습니다"라고 한국 현대사에서 JP의 존재가 지닌 의미를 나름대로 재평가했다.

제 9장

잊지 못할 명언(名言)

정치인들은 대중연설을 하거나 기자회견을 할 때, 언론인들이나 대중에게 쉽게 이해되고 감동을 줄 수 있는 자신만의 명언(名言)을 남기려고 노력하기 마련이다. 물론 3金도 오랜 기간 정치를 하면서 수많은 명언을 남겼다. 그중에서 저자가 직접 들은 3金의 대표적 명언을 취재수첩을 토대로 재구성해 보았다.

YS, "닭의 모가지를 비틀어도 새벽은 온다."

YS를 취재하던 당시 기자들에게 YS 하면 제일 먼저 뇌리에 떠오르는 명언이 무엇이냐고 물으면, 대부분이 주저 없이 "닭의 모가지를 비틀어도 새벽은 온다"를 꼽았다. 박정희 유신체제에 항거하는 민주화 투사로서 YS의 18번이 되어버린 표현이다. 1979년 5월 30일 마포 신민당사에서 열렸던 신민당 전당대회에서 '선명 야당'을 기치로 내걸고 경상도 특유의 억양으로 소리 높여 외쳤던 이 말 한 마디가 매우 충격적이고 자극적으로 대중의 심금을 울렸다고 한다.

이런 얘기를 누차 전해 듣기만 했던 저자는 이른바 '서울의 봄'을 맞은 1980년 3월 2일 일요일 오후 4시 30분, 대구역에서 YS의 연설을 직접 들을 수 있는 기회를 만났다. 열차에서 내리자마자 대구역 곳곳에 나붙은 플래카드들이 눈에 띄었다. 플래카드에는 '환영! 민주회복의 기수 김영삼 총재', '환영 김영삼 총재 내구(來邱)!' 등의 구호가 적혀 있었다. 3천여 명의 지지자들이 환호성과 박수와 함께 꽃다발을 전하며 '김영삼 만세!'를 연호했다.

꽃다발을 목에 걸고 단상에 오른 YS는 앞서 듣던 표현과는 조금 다르게 "닭의 목이 잘리더라도 반드시 새벽은 온다고 했는데, 드디어 자유와 민주주의를 얘기할 수 있는 새벽이 왔다"라면서 포문을 열었다. 1979년 5월 30일 YS 자신이 야당 총재가 된 뒤 YH 사태, 10월 4일 의원직 제명 등 탄압이 이어졌을 때 자신이 박정희 대통령에게 항복했던들 오늘 대구에 오지 못했을 것이라며 원고 없는 즉흥연설을 소리 높여 이어 나갔다.

30년이 지난 2010년 6월 18일, '김영삼대통령기록전시관' 개관식 참석차 YS의 생가를 방문했을 때, YS 출생지가 바로 거제도 대계(大鷄) 마을, 즉 지형이 큰 닭의 모습과 흡사해 이러한 이름이 붙여진 곳

2010년 6월 18일, '김영삼대통령기록전시관' 개관식에서 저자와 악수하는
김영삼 14대 대통령. 바로 왼편에 이명박 당시 대통령.

이라는 얘기를 들었을 때, YS가 외친 "닭의 모가지를 비틀어도 새벽
은 온다"라는 명언 가운데 '닭'은 바로 자기가 태어난 마을을 뜻한 것
이 아닐까 깨닫게 되었다.

DJ, "행동하지 않는 양심은 악의 편이다."

DJ 하면 떠오르는 그의 대표적 명언으로 당시 동교동을 취재했던 기
자들은 '행동하는 양심'이라고 꼽았다. 그만큼 DJ는 취재기자들에게
불의를 보면 참지 않고 이에 항거하는 행동으로 맞서겠다는 그의 가

치관과 철학을 보여준 것이다. 그런데 이 발언은 1977년 3월 1일 대법원 앞으로 보낸 '상고이유 보충서(上告理由 補充書)'의 "행동하지 않는 양심은 결국 악의 편이다!"라는 제목에서 비롯되었다.

DJ 비서실은 대법원에 보낸 상고이유 보충서를 별도의 소책자로 만들면서 머리말에 "(1976년) 3·1 민주구국선언 사건으로 3년 동안의 옥고를 치르신 김대중 선생이 서울형사지방법원에서 10년 구형에 8년 형을, 서울고등법원에서 5년 형을 선고받으시고 대법원에 상고하신 후 변호사가 제출한 상고이유서에 선생의 의견을 보충하신 것으로서 옥중에서 쓰였다는 데 큰 의의가 있는 것이다. (중략) 우리 국민모두가 '행동하는 양심'을 드높여 민주회복 대열에 동참할 것을 바라는 뜻에서 이 글이 널리 읽혀지기를 바라는 바이다"라고 밝혔다.

DJ는 1976년 3월 1일 명동성당에서 개최된 3·1절 기념 미사의 마지막 순서로서 낭독된 '민주구국 선언'을 주도한 혐의로 재야의 많은 민주 지도자와 함께 구속 및 수감되었다가 대법원에서 징역 5년이 확정되어 진주교도소에서 수감 중, 옥고 2년 10개월 만인 1978년 말 가석방된 후 가택연금을 당했다. 그러나 1979년 10·26 사태로 긴급조치가 해제되고 12월 8일 가택연금에서 해제되면서, 그날 새벽 0시부터 동교동 자택으로 몰려든 내·외신 기자들을 만나고 다음 날 정식 기자회견을 여는 등 일련의 정치활동을 본격화하기 시작했다.

동교동 취재를 담당했던 기자로서 저자가 1979년 말부터 1980년 5월 17일 밤 다시 연행 구금되기까지 5개월 넘게 밀착취재하며 지켜본

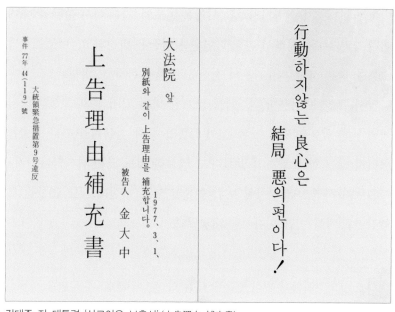

行動하지않는 良心은 結局 惡의편이다!

事件 77年 44（119）號

大統領緊急措置第9号達反

上告理由補充書

大法院 앞

別紙와 같이 上告理由를 補充합니다.

1977、3、1、

被告人 金大中

김대중 전 대통령 '상고이유 보충서'(上告理由 補充書).

DJ의 발언 가운데 가장 기억에 남는 명언은 '행동하는 양심'보다는 "나는 과격하지 않으며 정치보복을 하지 않겠다"라며 자신의 성품과 결심을 보여주려고 애썼던 발언들이다. '행동하는 양심'이라는 표현에는 과격한 이미지가 담겨 있다는 세간의 평(評)을 참고한 때문인지, 유신체제가 끝나자 발언의 초점을 "과격하지 않다" 또는 "정치보복을 하지 않겠다"라는 방향으로 수정한 것 아닐까.

실제로 당시의 취재수첩을 보면 1979년 12월 9일 오전 9시 동교동 자택연금이 해제되면서 열었던 첫 기자회견에서, DJ는 "조속한 민주정부 수립이라는 신념과 목표는 확고부동하지만, 추진 방법은 평화적

이어야 한다. 자신이 지지하는 사람은 인도의 '간디'이지 이란의 '호메이니'가 아니다. 따라서 과오를 범한 사람들은 반성하고, 이들로부터 고통을 받은 사람들은 관용의 정신을 보여야 한다"고 밝혔다.

앞서 "3金과 '서울의 봄'"에서 소개한 바와 같이 1980년 2월 14일 저녁 인천 답동 성당을 찾은 DJ가 강론을 통해 '가톨릭을 떠나 종교를 버리지 않는 한 보복하지 않겠다'고 역설한 것도 같은 취지였다.

그런가 하면 1980년 4월 16일 수요일 오전 '한신대 개교 40주년 특별강연회'에서는 같은 자평을 내놓았다.

나보고 과격하다는 평이 있는데 나는 악(惡)에 대해서, 국민을 괴롭힌 자에 대해서, 도덕을 짓밟는 자에 대해서는 철저히 과격하지만, 선(善)에 대해서, 국민을 위한 자에 대해서, 도덕을 중시한 자에 대해서는 양(羊)과 같이 온순하다.

특히 DJ는 '한신대가 스승과 선배와 재학생이 삼위일체가 되어 싸워 온 유일한 대학으로 우리 민족의 자랑이요, 가장 작으면서도 가장 큰 대학이요, 민주학원의 표본이다. 어느 대학에서의 강연보다 영광이라고 생각한다'면서, "유신잔재는 불투명 속에 온갖 획책을 꾸미고 있어 국민의 힘으로 단호히 분쇄해야 하지만, 폭력이나 물리적 힘은 자제해야 한다"고 역설했다.

이날 특별강연회가 열린 수유리 한신대 1, 2층 예배실에 천여 명의 학생이, 옥외 잔디밭에는 3만여 명으로 추산되는 군중이 운집했는데 오전 11시부터 1시간 15분 동안 계속된 DJ의 연설에 '김대중 만세!'를 외치는 환호성과 함께 청중들의 박수가 무려 54회나 쏟아진 것으로 기록되었다.

JP, '소이부답'(笑而不答), '다욕수장'(多辱壽長)

JP 하면 정치적으로 떠오르는 말이 '내각제 개헌론'이다. 그렇게 불릴 만큼 기회가 있을 때마다 현행 우리나라의 대통령중심제(大統領中心制)의 폐단을 지적하고, 의원내각제(議院內閣制)의 필요성을 주창하면서 추진하려고 노력해 온 정치인이다. 1961년 5·16 군사쿠데타로 18년간 집권한 박정희 대통령의 제 2인자였음에도 대통령으로의 과도한 권력집중이 지닌 문제점을 직시했다는 점에서 이목을 끌었다.

JP는 자신의 《김종필 증언록》 서문에서 내각제 개헌을 끝내 이뤄내지 못한 아쉬움과 미련을 솔직하게 고백했다.

나의 정치행로에서 마지막 사명이라고 천명했던 내각제 개헌은 이루어 지지 않았다. 하루 내내 세상을 밝히던 태양이 서산에 지며 온 하늘을 노을로 벌겋게 물들이는 것처럼 내 모든 것을 태우고자 하였으나, 오호라! 타다 남은 흉한 등걸이 되고 말았다. 내각제가 우리나라가 지향해야 할 선진 정치제도라는 점에 있어서 나의 신념에는 지금도 전혀 변함이 없다. 이 나라의 도약과 성숙을 위해 후생 정치인들이 반드시 이루어주실 것을 바라마지 않는다.

실제로 제15대 대통령 선거를 앞두고 1997년 10월 25일 DJ와 JP는 "대통령 후보는 DJ, 국무총리는 JP가 맡아 내각제 개헌을 공동정부 2년째인 1999년 12월 말까지 완료한다"라는 합의문에 서명까지 했다. 그러나 끝내 DJ와 합의한 대로 이뤄지지 않자 JP는 총리직에서 물러나고 결국 DJ 정부와 결별함으로써 내각제 개헌은 후세 정치인들의 몫으로 남겨졌다.

예술적 감성이 뛰어났던 JP는 남다르게 빼어난 붓글씨 솜씨 못지않게 때와 장소에 걸맞은 시의적절한 사자성어(四字成語)로 좌중을 박장대소하게 만들었다.

앞서 언급했듯이 1990년 가을에 당시 KBS 정치부장이었던 저자에게 써준 '시화세태'(時和世泰)의 의미도 3당 합당으로 '신민주공화당' 총재에서 '민주자유당' 최고위원이 된 자신의 위상과 배경에 담긴 뜻을 적절하게 대변해준 것이다. 이와 함께 그를 대표하는 사자성어로 '소이부답'(笑而不答)과 '다욕수장'(多辱壽長)을 꼽고 싶다. 전자는 중국 시인 이백의 표현으로 "미소 지을 뿐 대답하지 않는다"라는 의미인데, JP는 '43년 정치 인생에서 가장 많이 내놓은 답변'이라고 할 정도로 애용하는 명언이다.

JP의 청구동 자택 거실 위에 걸려 있던 '소이부답'(笑而不答) 휘호.   ©〈중앙일보〉

　　JP의 청구동 자택 거실 위에 걸려 있었던 이 휘호는 1960년대 중반쯤 JP가 평소 어머니처럼 따랐던 박현숙(朴賢淑) 의원에게 "이것을 생활에 둘도 없는 다듬어진 자세로 유지하도록 해요"란 당부와 함께 받은 것이다. "그때 나는 이미 거친 풍파에 시달리며 많은 일을 겪었고 마음속 불덩어리가 조금씩 식어가고 있었다. 그 대신 직설보다는 함축, 단선과 단정(斷定) 보다는 은유와 절제의 묘미에 의존하고 있었다"며 이 사자성어에 천착하게 된 사정을 털어놨다.

　　후자는 저자가 언젠가 호텔에서 벌어진 다과회에서 직접 들은 명언이다. 두 번의 국무총리와 9선 의원으로서 한국 정치의 대표적 풍운아로 꼽히는 JP는 "수장다욕(壽長多辱) 아니라 다욕수장(多辱壽長)이라는 말이 있어요. 오래 살다 보면 욕을 많이 먹는 법이라는 말이 있는데, 내 경우는 욕을 많이 먹으니 오래 사는 것 같아요"라고 말해 좌중을 웃음바다로 만들었다. 그의 말대로 그는 3金 가운데 가장 오래 살았다.

제 10장

KBS 사장 새해 인사

2009년 11월 24일 저자는 제 19대 KBS 사장으로 취임했다. 한국의 대표적 공영방송 사장이자 한국방송협회장으로서 새해를 맞으면 반드시 해야 하는 의전 행사가 제법 많았다. 예를 들면 KBS 본관 공개홀에서 거행되는 시무식은 물론이고, 모든 임원과 함께 동작동 국립서울현충원 참배 등을 다녀야만 했다. 전직 대통령이나 전직 KBS 사장, 정계 원로들께 세배를 겸한 새해 인사를 다니기도 했다.

2010년 1월 4일 오전 7시 20분 동작동 국립서울현충원 참배를 시작으로 새해 인사의 바쁜 일정을 소화했다. 전직 대통령 중 새해 인사가 가능한 분은 전두환 제 11, 12대 대통령을 비롯해 김영삼 제 14대 대통령과 이미 고인이 된 김대중 제 15대 대통령의 부인 이희호 여사뿐이었다. 그래서 비록 대통령은 되지 못했지만 '3金'의 한 사람인 김종필 JP의 청구동 자택을 찾곤 했다.

상도동 YS 자택

2011년 1월 6일 목요일 오후 2시, 백운기 비서실장을 대동하고 상도동 자택으로 들어서니 영원한 YS 집사 김기수 비서실장이 반갑게 맞았다. 응접실에 정장을 입고 자리 잡은 YS에게 세배를 드리겠다고 하자 손사래를 치면서 의자에 앉으라며 곧바로 말문을 열었다.

　YS는 우선 KBS 사장을 맡아 얼마나 고생이 많으냐는 의례적 인사에 이어 의외의 질문을 던졌다. 저자의 당시 일기장 기록에 따르면, "당시 KBS의 인기프로그램 중 하나인 〈아침마당〉을 매일 재미있게 보고 있는데, MC를 맡아 진행하는 이금희 아나운서가 왜 아직도 시집을 가지 않느냐?"고 물었던 것이다. 뜻밖의 질문에 당황한 저자가 머뭇거리자 "사장으로서 이금희 아나운서가 하루빨리 시집가도록 도와주어야 하는 것 아니냐?"면서 다그치기까지 했다. 결국 저자가 사장으로서 이 아나운서 결혼 문제에 최선을 다하겠다고 약속했다.

　그제야 화제를 돌려, 2010년 천안함 사건 이후 이명박 대통령이 청와대로 전직 대통령들을 초청한 만찬에서 있었던 비사(祕史)를 한 토막 털어놓으며, 전두환 전 대통령에 대한 불쾌했던 감정을 숨김없이 드러냈다. 이어서 '내년 2012년 제19대 총선에 아들 현철이가 거제도에 출마할 계획'이란 가족사까지 털어놓더니, "바로 어제 내 전 재산을 사회에 기부하기로 밝혔더니 주변 사람들로부터 잘했다는 전화를 많이 받았다"고 말하며 YS 특유의 미소를 지었다.

끝으로 저자에게 '건강관리를 어떻게 하느냐'고 묻기에 헬스클럽을 열심히 다니고 있다고 답하자, 건강관리 잘 하라고 당부하면서 뜻밖에도 '아침 조깅'을 하지 말라는 것이 아닌가. 매일 아침 상도동에서는 물론이고, 지방 출장 중에서도, 대통령이 되어서는 청와대 안에서 중단하지 아니했던 그가 '아침 조깅'을 하지 말라니.

그래서 그 이유를 묻자, YS가 주저 없이 내놓은 답변에 더 놀랐다. "젊었을 때 매일 아침 뛰었더니 무릎 관절에 무리가 간 것 같아, 요즈음에는 배드민턴을 치는데 그렇게 좋다"며 김 사장도 앞으로 뛰지 말고 배드민턴을 치라는 것이다. 이미 80대 중반으로 들어선 YS가 어느새 '조깅 마니아'에서 '배드민턴 마니아'로 변해 있었다.

대략 한 시간 남짓 덕담을 나누고 상도동을 떠나려는데 또 한 번 놀랄 일이 벌어졌다. YS가 대문 밖까지 나와 배웅하려는 것이었다. 날씨도 추운데 먼저 들어가시라고 아무리 만류해도 고집스럽게 대문 밖까지 나온 YS가 "우리나라 방송을 대표하는 사람이니 열심히 잘하라는 뜻"이라며 끝내 대기 중인 차량에 탑승할 때까지 배웅하는 모습에 경의를 표하지 않을 수 없었다. 저자가 앞서 언급했던 것처럼 식사 자리나 회의에서 대화 소재가 풍부하지 못해 분위기 조성에 약점을 보였던 YS가 이날 새해 인사에서는 전혀 예상치 못한 화제로 대화를 줄곧 주도한 데다, 자존심 강하기로 이름난 그가 대문 밖까지 배웅하며 '몸을 낮추는 모습'을 보니 만감이 교차했다.

동교동 DJ 자택

상도동 YS 자택을 방문한 지 8일이 지난 2011년 1월 14일 금요일 오전 10시 30분 DJ의 동교동으로 새해 인사를 갔다. 이미 김대중 제15대 대통령은 1년 5개월 전 2009년 8월 18일에 타계하셨으니, 동교동에 주거하시는 이희호 여사를 세배 인사차 방문했다. 언제나 깔끔한 자세로 언론인을 대하던 이 여사는 이날도 정장을 입은 채로 예전에 동교동 출입기자였다가 어느새 KBS 사장이 된 저자의 새해 인사를 겸한 방문을 반갑게 맞았다.

1962년, 2살 연하인 DJ와 결혼한 이희호 여사는 언젠가 "나는 헌신하되 간섭하지 않고, 지배하지 않고, 강요하지 않고 기다리는 아내였다"고 말할 정도로 DJ와 동반자의 길을 걸어왔음을 강조했다. DJ 또한 이 여사를 배우자라고 생각하기에 앞서 늘 '정치적 동지'로 생각하며 살았다고 말한 바 있다.

이미 90세인 이 여사에게 KBS와의 인터뷰를 요청했다. 다름 아니라 며칠 전인 1월 8일부터 매주 토요일 아침 50분간 방송되기 시작한 〈TV 자서전〉에 주인공으로 모시고 싶다는 뜻을 전했다. 〈TV자서전〉은 정치·경제·문화·예술 등 각 분야 지도자들이 자신의 발자취를 TV를 통해 본인의 입으로 직접 말하는 자서전 형식으로, 우리나라 대표 공영방송사로서 KBS가 만들 필요가 있다는 저자의 오랜 구상이 결실을 맺어 2011년 새해에 신설한 프로그램이다. 이 여사도 출연

2011.8. KBS 〈TV 자서전〉 출연 당시 이희호 여사.

제의를 듣더니 건강 상태를 지켜보며 추진하자고 그 자리에서 흔쾌히 약속했다.

결과적으로 이 여사의 〈TV 자서전〉은 8월 21일과 28일 일요일 아침 7시 10분부터 50분간, '동행'이라는 제목으로 두 차례(29회와 30회) KBS 1TV에서 방송되었다. 이 프로그램은 원래 KBS 본관 2층에 마련된 세트에서 담당 해설위원들이 인터뷰하며 진행되나, 이 여사의 경우는 건강상의 문제로 동교동 자택에서 녹화하게 되었다. 대담자도 이 여사에게 낯익은 정용실 아나운서가 맡아 동교동 자택에서 녹화했다. 하지만 이 여사는 건강상 이유로 한 번 녹화 시간에 한 시간 남짓밖에 인터뷰하지 못하는 바람에 여러 차례 동교동에서 녹화했음에도 방송 분량은 2회 분량에 그치고 말았다.

8월 28일 일요일 아침, 이 여사의 두 번째 〈TV 자서전〉 30회를 시청하다가 전혀 예상치 못한 이 여사의 증언을 들었다. 방송 내용은 다음과 같다.

정 아나운서 1982년에 여사님께서 전두환 대통령과 2시간 정도의 독대를 하셨다고요?

이희호 여사 그때 비서관이 연락을 해 가지고. 전두환 대통령을 만날 의사가 있느냐고 그래서 '그렇다'고 그랬는데, 하루는 전화가 왔어요. '밖에 공중전화로 해 달라'고 … . 그분 명함하고 전화번호를 가지고 있었거든요. 그래서 공중전화로 전화를 걸었죠. 그랬더니 오늘이 그날이라고 내 차를 타고 가지 말고 경복궁 뒷문으로 6시까지 오면은 이제 거기에 정 비서관이 안내를 할 거라고.

　그래서 택시를 타고 거기 가니간 정 비서관이 나와요. 그래서 그분 차를 타고 갔죠. 내가 그때 은반지 하나 끼고 있었어요. 그런데 반지를 빼라고 그래서 반지도 빼고 앉아 있었죠.

　얼마 안 돼서 전두환 대통령이 나왔어요. 근데 내가 생각하기는 석방을 시킬 테니 앞으로 정치를 하지 말든지 어떡하라고 무슨 말을 하리라고 생각하고 갔어요. 그랬는데, 경제 강의처럼 우리나라가 어떻고 이야기를 한참 하시고.

　내가 이야기 들기로는 따님은 공부를 잘한다는 얘기를 바깥에서 들은 일이 있거든요. 그래서 따님이 공부를 잘한다면서요, 이야기를 했더니

아들 이야기를 하고.

정 아나운서 정작 듣고 싶은 이야기는 아직 안 나온 거네요?

이희호 여사 그렇죠. 그러고선 인제 무슨 이야기를 했는데 ···. 내가 좀 빨리 석방이 되도록 해주시면 좋겠다고 그 말을 했더니, 자기 혼자서 결정하는 문제가 아니래요.

정 아나운서 그렇게 이야기를 2시간 동안 나눠 보시니깐 어떤 분이시던 가요?

이희호 여사 솔직하고 소탈하신 분이고. 왜냐하면, 내 앞에서 여기도 (다리를 소탈하게 긁는 모습으로) 긁적긁적 긁고 마음은 좋지 않지만, 그래도 만나서 나를 만나주고 그리고 남편에 관해서 이야기할 수 있으니깐 그것만으로도.

정 아나운서 위안으로 삼으신 거군요?

이희호 여사 그렇죠.

악연으로 얽힌 전두환 대통령을 담담하게 평가한 이 여사는 남편 김대중 대통령은 인간적으로 상당히 자상한 편이라면서, 일반 사람들이 보기에는 상당히 딱딱하게 보였는데 상당히 부드럽고 감성적이라고 평했다. 그래서 "꽃도 사랑하고 새들도 사랑하고, 가을이면 코스모스 보러 워커힐 코스모스밭으로도 갔다"며 DJ와의 추억을 더듬었다. 끝으로 이 여사는 "남편으로도 좋은 사람이죠. 나를 상당히 배려해주고 했으니까요. 대통령으로서 잘한 대통령이라 이렇게 기록됐으면 좋겠어요"라며 인터뷰를 마쳤다.

이로부터 8년 후 2019년 6월 10일 이 여사가 세상을 떠났다는 소식을 들었다. 6월 12일 오후 신촌 세브란스병원 장례식장으로 문상을 갔을 때, 고인은 마치 영정 사진 속에서 '그 〈TV 자서전〉을 통해 자신의 일생을 진솔하게 밝혔다'고 속삭이는 것 같았다.

김대중 제15대 대통령의 부인이자 우리나라를 대표하는 여성 운동가의 한 사람으로서 이 여사의 별세는 여러 매체에서 주요 뉴스로 다뤄졌다. KBS 밤 9시 뉴스에서는 8년 전 〈TV 자서전〉에서 'DJ와 결혼한 이유' 등에 대한 솔직한 답변 등 이 여사의 생생한 인터뷰가 여러 대목 인용되었다.

청구동 JP 자택

2012년 1월 19일 오전 11시, 청구동 자택으로 김종필 JP에게 새해 인사를 갔다. 세배를 받으시라는 저자의 요청을 사양한 채 JP는 특유의 말솜씨로 갖가지 화제를 풀어내며 담소를 이어 갔다. 먼저 저자가 KBS 사장으로 취임한 이후 몇 가지 프로그램이 눈에 띄게 좋아졌다며 새해 덕담으로 말문을 열었다. 당연히 KBS 뉴스가 좋아졌다는 얘기려니 기대하면서도 무슨 프로그램에 마음이 드셨느냐고 묻자, JP는 난데없이 〈클래식 오디세이〉라는 음악프로그램을 꼽았다.

실제로 이 〈클래식 오디세이〉는 클래식 스타들의 삶과 에피소드를 소개하는 프로그램으로 2000년 저자가 KBS 뉴미디어 본부장으로 재직할 때 위성방송에서 방송되던 것을 KBS 2TV 지상파방송으로 옮겨 매 주말 심야시간에 방송했다가, 저자가 사장이 된 후 다시 1TV 수요일 밤 심야시간에 편성했었다.

아마도 문화·예술에 정통한 JP가 근래 수요일 밤 심야에 이 프로그램을 시청한 모양이라고 생각하면서, 한국의 공영방송 KBS 사장으로서 남다른 애착을 느끼는 프로그램이지만 시청률은 1~2%밖에 나오지 않는다고 애로 사항을 털어놓았다. 이에 즉각 JP는 우리나라를 대표하는 공영방송이라면 시청률에 얽매이지 말고 다양한 시청자들을 위해 다양한 프로그램을 제공해야 한다면서 그래서 KBS가 국민에게 수신료를 받는 것이 아니냐고 반문하는 것이 아닌가.

김종필 (1969.8), 〈낙조〉(落照), 《JP 화첩》.

    수세에 몰린 저자는 클래식 프로그램뿐만 아니라, 미술프로그램으로 〈디지털 미술관〉을 방송하고 있다고 둘러댔다. 그러자 JP는 요즈음도 마음이 뒤숭숭하면 캔버스를 들고 야외로 나가 그림을 그린다며 '일요화가회' 회원다운 면모를 보여주었다. 그의 작품 가운데 대표작의 하나로 꼽히는 그림이 바로 1969년 작품 〈낙조〉(落照)인데, 이 그림 설명에서 "구름은 본래 좋아하는 화재(畫材)지만, 석양에 물들어가는 구름을 표현하기란 무척 힘든 일이다"라고 말할 정도로 이미 화가로서 어느 정도 입지를 굳힌 것 같았다.

    이어서 JP는 KBS TV와의 남다른 인연을 언급했다. 저자는 이런저런 이유로 이미 여러 차례 들은 얘기지만, KBS 입장으로는 JP의 공로를 아무리 강조해도 지나치지 않을 정도로 남다르게 깊은 사연이 있었다.

5·16 군사쿠데타가 일어난 1961년 마지막 날인 12월 31일 오후 6시, KBS-TV가 개국식 실황 중계방송으로 국영 TV방송의 막을 열었다. 호출부호 HLCK, 채널 9, 영상출력 2킬로와트(kW), 음향출력 1kW, 매일 야간 4시간씩 보도(13%)·어린이(16%)·교양(21%)·연예/오락(28%)·영화(22%) 등으로 편성했다. 시청료는 수상기 1대당 월 100원을 징수하다 1964년 150원~200원으로 인상했다.

당시 남산에서 라디오만 방송했던 국영방송 KBS가 섣달 그믐날 밤에 TV방송국의 개국식을 거행한 것은 5·16 군사정권이 국민에 대한 시혜적 차원에서 '연내 TV방송 부활'을 결정했기 때문이었다고 한다. 그런데 TV방송국 개국을 앞두고 TV 방송장비 구매는 물론 건물 신축 등 여러 면에서 재정적 어려움을 겪고 있을 때, 김종필 당시 중앙정보부장이 결정적 역할을 했다는 것이 역사적 기록이다.

1997년 제15대 대통령 선거 당시 자민련 후보로서 '정치개혁 국민 대토론회' 출연 등을 위해 KBS를 방문했을 때, JP는 "당시 KBS가 TV 방송 기자재 구입비 20만 달러가 없어 혁명 주체세력이 고민하던 중, 중앙정보부 설립 후 체포한 황태성 등 남파간첩으로부터 압수한 공작금을 전용하여 KBS-TV 신축이 가능하게 됐다"라면서 KBS는 자신에게 고마움을 잊어서는 안 된다는 말을 여러 번 되풀이했다.

이날도 JP가 이런 기막힌 인연을 다시 한 번 언급하기에, 이런 사연을 남기기 위해서라도 KBS 〈TV 자서전〉에 출연해 달라고 공식 제의했다. 이 제의에 JP는 자서전이라면 책으로 출간하든지 신문에 연재하려고 했다면서 TV 출연에 다소 부정적이었다. 하지만 활자보다는 영상 미디어로 바뀌는 것이 대세라며 저자가 〈TV 자서전〉 출연을 간곡히 요청하자, 끝내는 옆에 있던 김상윤 특별보좌역(2019년 작고)에게 구체적인 질문서를 협의해 보라고 지시했다.

김 특보와 KBS 김환주 비서실장이 주요 질문내용을 구체화하기 시작하자 JP는 일종의 뇌졸중으로 마비 증상을 보인 오른팔이 어느 정도 회복되면 KBS와 녹화를 시작하겠다고 약속했었다. 그러나 저자가 퇴임한 이후 2013년 10월 가을 개편에서 프로그램이 폐지됨으로써 JP의 〈TV 자서전〉은 끝내 불발되고 말았다.

그나마 다행스럽게도, 〈중앙일보〉가 2015년 3월부터 12월까지 9개월간 매주 3회씩 총 114회에 걸쳐 '소이부답'(笑而不答)이라는 제목으로 '김종필 증언록'을 연재했으며 동영상도 80시간 녹화했다. 2016년에 출판된 《김종필 증언록》 저자 서문에서 JP는 자서전이 아닌 증언록을 고집한 이유를 솔직히 고백했다.

나는 회고록을 쓰지 않겠다고 했다. 회고록을 쓰라는 주변의 권유와 설득이 많이 있었지만 내키지 않았다. 왜냐하면 나 역시 인간인지라 여느 인물 전기나 회고록처럼 자화자찬, 자기 미화와 정당화의 늪에 빠질 것이 두려웠기 때문이다.

역사는 역사 그 자체로 존재하는 것이다. 거기에다 해석을 입히는 것은 호사가나 역사가의 몫이지 목격자나 술회자의 영역은 아니다. 나는 역사를 재단하는 현자나 영웅인 척하고 싶지 않았다. 그저 굽이치는 현대사의 물결 속에서 내가 직접 보고 듣고 느낀 '사실'만을 증언하고 싶었고, 그래서 '증언록'이란 이름으로 이 책을 내놓게 된 것이다.

제 11장

兩金 기념관에 기증한 취재자료

2009년 8월, DJ가 3金 세 분 가운데 제일 먼저 세상을 떠났다.

김대중 제15대 대통령은 2003년 퇴임 직후, 노벨평화상 수상을 기념하는 의미에서 '김대중평화센터'를 비영리단체로 설립하고, 초대 이사장을 직접 맡아 오면서 정성을 쏟았다. 특히 노무현 제16대 대통령 재임 당시 '아시아 최초의 대통령도서관'으로서 마포구 동교동에 연세대 소속으로 개관한 '김대중도서관'은 DJ의 민주화운동과 투옥, 망명 등 85년간의 인생과 정치 역정(歷程)에 관련한 수많은 기록과 자료를 잘 보관하고 있다. DJ 서거 후 2대 이사장을 맡은 이희호 여사도 '김대중평화센터'와 함께 '김대중도서관'을 유지관리하는 데 남다른 열정을 쏟아 왔다.

YS는 청와대를 떠난 지 12년이 지난 2010년 6월 18일, 본인의 고향이자 생가가 있는 거제시 장목면 외포리 대계마을에 '김영삼대통령기

DJ의 동교동 자택 바로 뒤로 보이는 연세대학교 김대중도서관.

2010.6.18. '김영삼대통령기록전시관' 준공식. 거제시 장목면 외포리 대계마을.

록전시관'을 준공했다.

YS는 이명박 당시 대통령과 함께 준공식에 참석해 인사말도 하고 기념식수도 하고, 전시관을 직접 둘러보며 만족하는 모습을 보였다. 저자도 당시 KBS 사장 신분으로 이 전시관 준공식에 참석해 YS의 파란만장한 정치활동과 관련된 자료들을 둘러보면서 저자가 취재기자로서 수집한 자료들을 기증하면 도움이 되겠다고 생각했다.

이를 계기로 저자가 정치부 기자로서 1979년부터 '兩金'을 취재하면서 기록했던 취재수첩과 수집한 관련 자료들을 30년 가까이 보관해 두었던 종이상자를 열어 보았다. 다행히 YS와 DJ 관련 자료들이 마치 '긴 잠에서 깨어나 가쁜 숨'을 쉬는 듯 잘 보관되어 있었다. 반가운 마음으로 이 자료들을 동교동과 상도동 측에 전달했다.

우선 2010년 8월 13일 오후 2시, 동교동에서 이희호 여사를 만나 DJ와 관련된 자료 25개를 전달했다. 주로 1979년 말부터 1980년 5월 17일 밤 DJ가 체포되기 전까지 동교동에서 배포한 성명서와 담화문 등이었는데, 이 자료를 검토하던 이 여사가 놀라움을 감추지 못했다. 다름 아니라 '조속한 민주정부 수립의 합의 위에 국민적 화해와 단결을 성취하자'라는 제목의 다섯 페이지에 달하는 장문의 성명서는 바로 자신이 직접 쓴 것인데, "아마도 1980년 5월 17일 밤 계엄군들이 모든 서류를 압수해 갔을 때 없어져 그동안 애타게 찾고 있었다"며 반가워했다. 성명서 끝에 '1979년 12월 8일 김대중'이라고 쓰여 있어 당연히 DJ 친필이려니 했던 성명서가 이 여사가 대필한 것이라니. 역시 DJ의 '영원한 동지'라는 표현이 떠올랐다.

이날 동교동에 전달한 25건의 자료는, 1977년 3월 1일 대법원 앞으로 보낸 '상고이유 보충서'(上告理由 補充書)를 비롯해 《민족혼과 더불어》, 《김대중 선생의 3단계 통일방안》, 《80년대의 좌표: 자유, 정의, 통일의 구현을 위하여》 등 소책자 7개와 각종 성명서와 담화문, 메모 등이 17건, 〈전남매일신문〉 1980년 6월 2일 1면 '광주는 영원하다' 1건 등이다.

이 중 특히 지금 보아도 눈에 띄는 것은 1980년 3월 11일 김대중 이름으로 최규하 당시 대통령에게 보낸 서신이다. "본인은 지난 3월 1일자 기자회견에서 이미 밝힌 바와 같이 각하를 직접 만나 뵈옵고 국정 전반에 대해서 협의할 기회를 갖고자 원합니다. 즉, 안보와 사회안정

문제, 헌정질서의 민주적 발전 방향, 노동자·농민 및 서민 생활의 안정대책, 경제난국의 수습방안, 남북대화의 합리적 추진, 거국적 협력 태세의 형성 등에 관해 논의하게 되기를 바랍니다"라고 정중한 어조로 나라를 걱정하는 절절한 마음을 담았다.

타자기로 친 서신 복사본 밑에는 나중에 '11일 내용증명으로 郵送(우송)했음'이라고 사인펜으로 표기되어 12일에 배포된 보도자료가 있었다. 당시에는 무심코 흘렸지만 지금 와서 보니, 앞서 언급했듯이 DJ의 남다른 '꼼꼼함'으로 비서진에게 내용증명 사실을 적시해 기자들에게 배포하도록 지시한 것으로 짐작된다.

저자가 김대중도서관에 기증한 자료 목록 (좌),
1980년 DJ가 최규하 대통령에게 보낸 서신 (우)

이로부터 한 달 뒤 동교동 이 여사에게서 감사의 인사와 함께 저자가 전달한 자료들을 원본 그대로 '김대중도서관'에 잘 보관했다면서, 25건의 자료를 복사한 사본과 함께 'KBS 김인규 사장님 기증 목록'을 보내왔다.

비슷한 시기 상도동에 보낸 자료도 2010년 11월 4일 'YS 기증자료'라는 제목의 두꺼운 파일(file) 형태로 돌아왔다. 이 청색 파일에는 1979년 11월 22일부터 1980년 8월 13일 '총재직 사퇴 성명서'까지 총 35개 자료가 '김인규 KBS 사장님, 김영삼 前 대통령 관련 기증자료'라는 제목 아래 질서정연하게 보관되어 있었다. 이 가운데 YS 성명서와 담화문, 기념사 등이 30개, 관련 신문과 잡지 기사가 5개인데, 복사본을 '김영삼대통령기록전시관'에 보관하고, 원본은 기증자인 저자에게 되돌려 보냈다고 한다.

이 가운데 특히 지금도 역사적 사료로 가치가 있어 보이는 것은 '신민당 총재 김영삼'의 1980년 신년사이다. 1979년 12·12 사태를 일으킨 신군부가 12월 13일 초헌법적 통치수단으로 비상계엄령을 발동하고, 특히 모든 언론을 통제하고 나섰다. 즉, 사전에 반드시 계엄사령부의 검열을 거쳐 승인된 방송이나 신문 기사만 보도할 수 있고, 반대로 검열에서 삭제된 기사는 일체 보도할 수 없었다.

저자는 YS의 신년사를 제때에 방송하기 위해 12월 28일 서울시청에 마련된 계엄사령부를 찾아갔다. 먼저 만난 통제관은 김영삼 신민

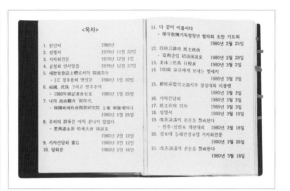

저자가 상도동 측에 기증한 YS 관련 자료 목록

당 총재의 1980년 신년사에 대해 '보류' 결정을 내렸다. 이에 당시 젊은 나이의 저자가 "어떻게 야당 총재의 신년사까지 한 줄도 보도하지 말라는 것이냐?"라며 거칠게 항의하자, 잠시 뒤 다른 검열관이 어딘가로 전화해 장시간 협의를 하더니 붉은색 볼펜으로 '부분 삭제'라고 결론을 내렸다. 그래서 이 신년사 자료 원본 맨 앞장에는 '보류'와 '부분 삭제'라고 수기(手記)로 쓴 서로 다른 결론과 '검열 필(畢)' 도장이 함께 찍혀 있다.

이 귀중한 다섯 쪽짜리 자료를 살펴보면, 10여 개 문장 가운데 통째로 삭제된 것도 있고, 일부 삭제한 문장도 여럿이다. 예를 들어 첫 문장 서두에 '인권탄압과 국민 소외로 점철되었던'이라는 수식어 등 현 시국을 비난하는 자극적 표현을 붉은색 볼펜으로 삭제한 것이다. 검열을 마친 YS 신년사의 오른쪽 여백에는 '28', '20'과 같은 청색 볼펜으로 표기한 숫자가 보이는데, 이는 아마도 YS 신년사 녹음의 길이

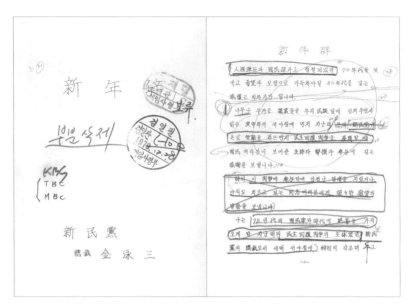

1979.12.28. 계엄사령부가 검열한 흔적이 남아 있는 1980년 YS 신년사

28초와 20초를 표기한 것으로, 전문적 방송용어로 '짜깁기 편집'을 위한 시간 표시라고 기억된다.

아울러 검열을 통과해 살아남은 부분만을 토대로 제1야당 총재의 신년사 기사를 작성하려고 애쓰던 모습도 떠올랐다. 요즈음 언론인들로서는 상상할 수 없는 '군부독재 시대'에 수차례 발동되었던 계엄령 하의 검열이라는 언론탄압의 한 단면을 여실히 보여준다.

30년이나 종이상자 속에 숨어 있던 兩金의 취재자료는 거제도 '김영삼대통령기록전시관'과 동교동 '김대중도서관'이라는 서로 멀리 떨어진 두 곳으로 보내졌다. 하지만 두 분의 정치 역정을 증명하는 사료 (史料)로서 각각 소중하게 보관 중이라는 사실만으로도 당시 두 분을 취재했던 정치부 기자로서 뿌듯하기 그지없다.

제 12장

3金의 내조자(內助者)

YS의 손명순 여사

제 14대 대통령 YS의 부인 손명순 여사는 우리나라 전통적 내조(內助)의 본보기를 보여준 여성이다. 1929년 경남 김해시 진영읍에서 경향고무의 사장인 아버지의 8남매 중 장녀로 태어났다. 마산여고를 졸업하고 서울에 있는 이화여대 약학과를 졸업해 약사면허증을 취득하고도 약국을 개업하지 않았다. 특히 당시 이화여대에는 기혼자를 제적한다는 규정이 있었기 때문에 손 여사는 결혼 사실을 끝까지 숨기며 대학을 졸업했다고 한다.

1951년 3월 6일 마산 문창교회에서 당시 장택상 국회부의장의 비서관이었던 YS와 결혼해 2남 3녀를 낳고 평생 YS의 '영원한 맹순'으로 살았다. 손 여사는 YS 남편을 늘 '총재님'이나 '대통령'으로 호칭한 데 비해, YS는 사석에서는 물론 기자들 앞에서도 늘 손명순 여사를 '명순'이라고 불렀는데, YS의 심한 경상도 억양 때문에 '맹순'으로 들렸기 때문이다.

2005년 어느 술자리에서 YS는 부인과는 어떻게 만났느냐는 질문에 부인에게 미안한 것이 두 가지 있다고 말하면서, 하나는 집사람을 처음 만났을 때부터 지금까지도 '명순아'라고 부른 것이고, 또 하나는 결혼을 너무 빨리한 것이라고 말하며 손 여사와 만나게 된 비사(祕事) 하나를 공개했다.

2010.06.18. 거제도 '김영삼대통령기록전시관' 축하연에서
좌로부터 YS 부부, 이명박 대통령, 이홍구, 박희태, 김수한.

참 우연한 인연이더라. 서울대 3학년 재학생 때, 할아버지가 올해에는 꼭 혼례를 올리라고 하도 성화를 해서 여름방학 때 고향에 내려갔더니 중매쟁이가 하루에 세 명의 처녀를 보도록 약속을 해 놓았더라. 마산에 사는 처녀들인데 모두 이화여대 학생이더라. 그래서 세 집을 차례로 들러 부모님께 인사하고 처녀들과도 얘기를 나누고 했는데, 가는 집마다 사윗감 왔다고 어떻게 잘해주는지, 마실 것, 먹을 것 대접을 참 잘 받았다. 그런데 이상하게도 세 번째 들른 집 처녀에 마음이 끌려 그다음 날 아무 말도 없이 그 집을 찾아갔더니 사윗감이 찾아왔다고 그 집 부모들이 무척 좋아하더라. 그래서 곧바로 결혼하게 되었는데, 당시 그 처녀 집은 마산과 부산을 합쳐 세금을 세 번째로 많이 내던 '경향고무'라고 돈 많은 집이었다.

손 여사는 1973년부터 가을 추석이나 새해 설날이 다가오면 어김없이 당시 신민당 출입기자였던 저자의 집을 찾아와 '시아버지가 잡은 맛있는 멸치'라며 '기장 멸치'를 직접 선물하고 다녔다. 당시 야당 출입기자가 수십 명이나 되니 매우 힘들었을 텐데도 YS가 대통령이 되기 전까지 오랜 기간 선물배달을 계속하는 모습에 저자의 아내는 물론 언론인 부인들에게 칭송을 받았다.

가부장(家父長)의 전형인 YS는 대통령 퇴임 후 이런저런 자리에서 저자에게 요즈음 '맹순'이 건강이 나빠져 걱정이 많다고 했고, 어느 식사 자리에서는 요리를 직접 숟가락에 담아 손 여사 입에 넣어주는 모

2019.11.22. 국립서울현충원 현충관, YS 4주기 추모식에 입장하는 손명순 여사.

습까지 보여주었다. 그런 YS가 2015년 겨울 세상을 먼저 떠나, 여의도 국회에서 열린 영결식장에서 고인을 추도하는 손 여사의 모습이 너무나 애처로웠다.

그로부터 4년이 지난 2019년 11월 22일 오후 2시, 국립서울현충원 '현충관'에서 '김영삼 대통령 서거 4주기 추모식'이 거행됐다. 휠체어를 타고 참석한 연로한 손명순 여사가 문희상 국회의장과 이낙연 국무총리 등 수백 명의 추모객에게 감사의 인사를 마치고 건강상의 이유로 먼저 추모식장을 떠나는 모습을 보니 안타까웠다.

DJ의 이희호 여사

1922년 이희호 여사는 서울 수송동에서 부친 이용기 의사와 감리교 신자인 모친 이순이 사이에서 6남 2녀 중 장녀로 태어났다. 비교적 부유한 가정에서 성장한 이 여사는 이화여고를 졸업하고 이화여자전문학교에 입학했다가 서울대 사범대 교육학과에 다시 입학하여 졸업했다. 대학생 시절, 서울대 총학생회 사범대학 대표와 사범대 학도호국단 부단장을 맡을 정도로 맹렬 여학생이었다고 한다. 1954년 미국으로 유학길에 올라 감리교회의 지원을 받았지만 공장일로 학비를 충당하며 미국 램버스대학에서 사회학 학사, 스카릿대학 대학원에서 석사를 취득한 후 1958년 귀국했다.

화목한 DJ 부부.

    1962년 5월 10일 당시 자신보다 두 살 어린 DJ와 결혼했다. 더구나 1945년 차용애 여사와 결혼해 홍일, 홍업 두 아들을 두고 사별한 DJ와 재혼하려는 이유를 묻는 짓궂은 질문에 이 여사는 서슴없이 DJ가 잘생겼기 때문이라고 답했는데, 아마도 당시 시대를 앞서간 신세대 여성으로서 정치인 DJ의 잠재적 능력을 알아보았을 것이다. DJ도 47년간 거의 반세기 부부의 연을 맺고 3남 홍걸을 낳은 이 여사를 "자신의 배우자라고 생각하기에 앞서 늘 정치적 동지라고 생각했다"라고 솔직하게 술회한 바 있다.

    DJ와 이 여사와의 동반자 관계를 한마디로 상징하는 것이 바로 동교동 정문에 나란히 붙어 있던 김대중과 이희호 이름의 문패였다. 저

DJ와 이희호 여사 두 개의 문패를 활용한 제13대 대통령 선거 DJ 신문광고.

자도 1979년 말부터 동교동을 출입할 때마다 집주인인 DJ 이름 바로 옆에 이희호 여사의 문패를 붙여 놓은 것이 매우 낯설다고 생각하면서도, DJ가 확실히 시대에 앞서가는 진보적 여성관을 가진 인물이라고 평가했었다. DJ도 결혼한 지 1년 후인 1963년에 부부 문패를 달게 된 데 대해 "아내에 대한 감사와 존경의 발로였다. 집 장만하고 집주인인 내 이름의 문패를 주문하다가 문득 아내가 생각나 아내 이름의 문패도 함께 주문하게 됐는데, 막상 그렇게 하고 나니 문패를 대할 때마다 아내에 대한 동지 의식이 자라났다"고 밝힌 바 있다.

　동교동 자택 대문에 달아 놓은 두 개의 문패는 1987년 1盧 3金이 벌인 제13대 대통령 선거에서 평화민주당 후보 DJ의 신문광고를 통해 전 국민에 알려졌다. 아마도 평화민주당 선거캠프에서는 이 광고를 통해 DJ가 평소 여성을 얼마나 존중하는지를 알려 여성 유권자들

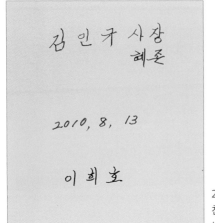

2010.8.13. 이희호 여사가 저자에게
친필 서명을 담아 《김대중 자서전》을
보내주었다.

의 표심을 잡아 보려고 노력했겠지만, 앞서 밝혔듯이 개표 결과 DJ는
1위 노태우 후보와 2위 YS에 이어 3위에 그치고 말았다.

　DJ는 2003년 대통령 퇴임 후, 2000년 노벨평화상 수상을 기리는
비영리단체 '김대중평화센터'를 설립하고 제1대 이사장을 맡아 연세
대 '김대중도서관'에서 활동했다. 2009년 그가 서거하자, 이희호 여
사가 제2대 이사장을 이어받아 2010년에는 《김대중 자서전》을 동교
동 측근들과 함께 주도적으로 출간하기도 했다. 이 여사는 이 자서전
을 출간하며 당시 KBS 사장이었던 저자에게 '김인규 사장 혜존
2010. 8. 13. 이희호'라고 또박또박 정성스레 친필 서명한 《김대중 자
서전》1, 2 두 권을 집으로 보내왔다.

　자서전 1권 앞머리에 이 여사는 '사랑하는 당신에게'라는 제목 아래
다음과 같이 기술했다.

우리가 함께 살아온 47년의 생애를 매일같이 떠올리고 있습니다. 나는 당신을 언제나 존경하고 사랑했습니다. 내 생이 다하는 그날까지 당신을 위해 기도하고 사랑할 것입니다. 하느님은 끝없는 사랑으로 우리의 기도에 응답해 주실 줄 믿습니다. 하느님 품에 편안히 쉬시옵소서.

JP의 박영옥 여사

2015년 고인이 된 박영옥 여사는 박정희 대통령의 조카이자 정계 거물 JP의 아내이면서도, 평생을 남편 JP에게 부창부수(夫唱婦隨)하는 자세로 일관되게 내조해 온 단순한 가정주부로 평가받고 있다.

1929년 경상북도 선산군 구미면(현재 구미시)에서 박정희 대통령의 셋째 형인 독립운동가이자 사회주의자 '박상회' 언론인의 3남매 중 장녀로 태어났다. 당시 구미소학교와 숙명여대 국문학과를 졸업하고 모교인 구미국민(초등)학교 교사로 재직하던 중, 1951년 작은아버지 박정희의 소개로 당시 육군 정보국 소속 김종필 대위와 결혼했다.

결혼 후 평범한 주부로 살아오던 박 여사는 1961년 5·16 군사쿠데타로 작은아버지 박정희 대통령이 집권하게 되자, 고위공직자의 부인들로 구성된 봉사단체 '양지회' 회장이나 한국여성테니스협회 회장 등을 역임하기도 했다. 그러나 대외행사에 거의 참여하지 않은 채 남편 JP의 뒷바라지에만 정성을 다한 '은둔의 내조자'로 살아왔다.

1987.9.24. 청구동 자택 서재에서 난을 손질하는 JP 부부.　　　　© 연합뉴스

특히 박 여사는 1961년 '황태성(黃泰成) 간첩사건' 당시 중앙정보부
장이었던 남편의 주도로 황 씨를 간첩으로 구속한 뒤 처형하는 일련
의 과정을 옆에서 지켜보면서 본능적으로 정치에서 멀어지려고 노력
해 온 결과가 아닐까 추측해 본다(황태성은 그녀의 아버지와 친분이 있었
고 북한에서 무역성 부상까지 지낸 거물로서 김일성의 밀사로 남파되었다).
그 결과 박 여사는 박정희 대통령 일가 사람 중에서 비난이나 비판을
가장 적게 받은 인물로 평가받았다.

저자는 정치부 기자 시절 청구동을 출입한 경험이 없었지만, 당시
이른 아침부터 매일 청구동 자택을 찾아오는 20여 명의 JP 취재기자
에게 박 여사는 "젊은 사람들이 아침을 안 먹으면 건강을 크게 해친다"

며 먹을 것을 정성스럽게 챙겨주어 인기를 끌었다고 한다.

박 여사는 2008년 뇌졸중으로 쓰러진 뒤, 오랜 투병 끝에 2015년 2월 향년 86세로 세상을 떠났다. 이때 JP는 집사람과 같은 자리에 눕기 위해 자신은 국립묘지로 가지 않겠다는 뜻을 밝혔다. 특히 JP 고향인 부여군 유택에 세워 둔 묘비에는 JP가 손수 지은 비문으로 "내조의 덕을 베풀어 준 영세반려(永世伴侶)와 함께 이곳에 누웠노라"라고 새겨져 있다. 실제로 3년 뒤 별세한 JP는 국립묘지가 아니라 고향에 있는 가족묘, 박 여사 옆에 잠들어 '애처가'(愛妻家) 답게 끝까지 약속을 지켰다.

제 13장

3金이 누구예요?

방송인 경력 40년을 마감하고 사회공헌 활동에 전념하고 있던 저자에게 이런 저런 사유로 2017년 6월부터 경기대학교 총장을 맡게 되는 기회가 주어졌다. 전혀 생소한 고등교육 현장이라 낯설기 그지없었지만 방송인 시절 바쁘게 보내느라 제대로 접하지 못한 젊은 대학생들의 생생한 목소리를 듣고자 임기 4년 동안 나름대로 노력했다.

저자가 몸담은 경기대학교는 수원시 중심지인 광교에 본교가 있고, 서울 서대문 충정로에 서울캠퍼스 분교가 있다. 특히 수원에 자리 잡은 본교 캠퍼스는 봄, 여름, 가을, 겨울 4계절 모두 아름답다. 어느 방송국 TV드라마에 배경으로 등장해 눈길을 끌 정도다. 2021년 기준 개교 74년의 오랜 역사와 함께 1만 6천여 명의 학생들이 고등교육을 받는 사학이지만, 과거 불행한 아픔을 겪으면서 학교 위상이 저평가되고 있었다.

2021.3.16. 뉴스타트 총장 장학생들과 기념사진.

  신임 총장으로서 취임식도 생략한 채 '경기도를 대표하는 경기대학교'라는 구호를 내걸고 '뉴스타트'(*New Start*) 운동을 벌였다. 그 일환으로 학생들에게 조금이라고 도움을 주고자 '뉴스타트 총장 장학금'을 새로 만들어 매학기 초가 되면 10여 명의 학생들에게 장학금을 수여하고, 티타임이나 오찬을 함께하며 대화를 나눴다. 2021년 3월 16일 마지막 총장 장학금 8차 수여식은 코로나19로 오찬을 생략하고 티타임으로 대신하며 대화를 나눴다.

  코로나19가 확산되기 전인 2019년 2월 18일 제3차 장학금 수여식에 이어 도시락 오찬을 겸한 간담회를 가졌다. 오찬을 함께한 12명의 장학생들은 졸업 후 경찰이 되기 위해 공무원 시험을 준비 중이라거나, 대학원에 진학해 연구를 계속하고 싶다는 등 자신의 희망사항을 분명히 밝혔다. 어떤 학생들은 모처럼 맞은 총장과의 대화에서 복수전공을 더욱 확대해 달라거나, 학교 홈페이지를 앱(APP)으로 볼 수 있었으면 좋겠다는 등 다양한 의견을 제시했다.

2019.2.18. 경기대 총장실에서 장학생 12명과 대화하는 저자.

　젊은이들의 얘기를 들은 저자는 이들 이른바 MZ 세대의 정치행태를 알아보고자 몇 가지 질문을 던져 보았다. 우선 "현 정부가 남북정상회담 등 남북대화를 통한 한반도 긴장완화에 노력하고 있는 것을 어떻게 생각하느냐?"고 물었더니, 별로 망설이지 않고 한반도의 긴장이 완화되고 화해 분위기가 조성되면 좋다는 반응이 대부분이었다. 그렇다면 현 정부의 일련의 정책을 지지하느냐고 물었더니 상반된 의외의 답변이 나왔다. "한반도 긴장완화도 좋지만, 지금 더욱 시급한 문제는 청년 일자리, 즉 취업대책이다. 이런 문제를 최우선으로 다루지 않고 있어 불만이다"라는 답변이 주를 이뤘다.

　이런 반응을 보면서 요즈음 MZ 세대의 사고가 탈이념적이며 실용적이라는 생각이 들었다. 반면에 국가나 민족을 위해 기꺼이 몸을 바치겠다던 어르신 세대와는 달리 'YOLO'(*You Only Live Once*) 라거나 '소확행'(小確幸) 으로 표현되는 철저한 개인주의에 빠져 들고 있는 것이 아닌가 하는 걱정이 들기도 했다. 그러면서 보다 투명하고 공정한 사회를 지향하는 이들의 앞날에 대한 기대감도 교차했다.

고려대에서 2015년부터 2019년까지 총장을 맡았던 염재호 명예교수는 최근 한 신문 칼럼에서 지난 4월 7일 서울시장·부산시장 보궐선거에서 야당이 압승한 결과를 'MZ 세대의 해일(海溢)'이라고 묘사했는데, 저자도 이 글에 공감한다. 그는 특히 "서울시장 보선 출구조사에서 20대 이하 남성의 72.5%가 야당을 지지했다. 비록 남성들에게서 두드러졌지만 20대는 이념상 보수 야당에게는 절대로 표를 주지 않을 것이라는 여당의 기대는 처참하게 무너졌다. MZ 세대의 정치적 해일로 보기에 충분한 충격이다"라고 말했다.

미래의 꿈나무 장학생들과 도시락 오찬도 나눈 뒤 총장실에 걸려 있는 3金의 휘호를 차례차례 설명하자 학생들에게서 나온 뜻밖의 반응에 놀랐다. "이 대도무문(大道無門) 휘호는 1980년 5월 김영삼 당시 신민당 총재가 가택연금을 당하면서 울분에 싸여 출입기자들에게 써준 것이고, 이것은 김대중 야당 총재가 1990년 내가 정치부장으로 승진한 것을 축하하는 의미에서 써준 이순신 장군의 '한산도야음'이고, 가운데 이것은 두 번이나 국무총리를 지낸 김종필 당시 민주자유당 최고위원이 1990년 가을 KBS 정치부장이었던 나에게 보낸 '시화세태' 휘호"라는 등 내력과 함께 이에 얽힌 호칭 '동지'(同志)와 '선생'(先生), '부장'(部長)에 담긴 의미도 자세히 설명했다.

총장에게 장황한 설명을 듣던 학생 가운데 서너 명이 "그런데 지금 설명하신 3金이 누구예요?"라고 묻는 것이 아닌가. 다행히 몇몇 학생이 "저는 김영삼 대통령을 알고 있어요", "저는 김대중 대통령 얘기를 들어 본 적이 있어요"라는 반응을 보였다. 이들 대부분이 2000년을 전후해 태어났으니 성장하는 과정에서 3金에 관한 뉴스를 접하기 어려웠을 만큼 3金이 누구인지 모르는 것도 당연하다는 사실을 뒤늦게 깨달았다. 그래서 YS와 DJ는 兩金이라 불리며 우리나라 민주화에 앞장 선 투사로서 야당 총재와 대통령을 각각 지냈으며, JP는 5·16 군사쿠데타를 주도한 뒤 두 차례나 국무총리를 지낸 인물이라고 보충해서 설명했는데도 별로 흥미를 느끼지 못하는 반응이었다.

학생들의 관심을 유도해 보고자 "세 사람 중 누가 붓글씨를 제일 잘 쓴 것 같냐?"라고 묻자 비록 답변은 제각각이었지만 3金의 휘호를 다시 보며 관심을 표명했다. 내친 김에 3金 휘호의 값어치에 대한 예상 가격도 알려주자 놀랍다는 반응이었다.

이때다 싶어 3金이 우리나라 정치사에 미친 영향력이 매우 컸고 비록 세 분 모두 타계했지만, 이들을 '위대한 정치인'이라고 불러야 마땅하다고 강조했다. 비록 세 분의 위대한 정치인에 대해 잘 모르더라도 '부지런한 승부사' YS의 도전정신이나 '꼼꼼한 집념의 정치인' DJ의 성실함, 그리고 '감성적 협상가' JP의 예술성과 협상력 등은 오늘날 젊은이들에게도 꼭 필요한 덕목이 될 수 있기 때문이다. 다시 말해서 학생 개개인이 자신의 타고난 재능을 앞으로 마음껏 발휘하기 위해서는 3金의 개성 가운데 자신과 맞는 것을 선택해 롤 모델로 삼을 만하다는 점을 인생 선배로서 역설했다.

이날 MZ 세대 장학생들과의 대화는 당황스럽게 시작되었지만, 살아온 시대와 경험이 다른 세대가 서로를 이해하는 계기가 되었다. 뿐만 아니라 집필하고 있던 이 책의 원고를 완성해야 할 작은 명분을 더해주었다.

제 3 부

우리는 3金 시대를
살았다

제 14장

측근들이 말하는 3金

1920년대에 태어난 3金은 우리나라에서 보스(boss) 정치가 무엇인지를 보여주었다. 원래 '보스정치'의 사전적 의미는 '사회 집단 내부에서 은연중 영향력을 지닌 비공식 지도자인 보스가 실권을 장악하는 정치'를 뜻한다. 다시 말해서 3金은 공식직함이 있건 없건 자신들만의 계보(系譜) 세력을 형성해 특정 지역을 벗어나 전국적으로 정치적 영향력을 행사해 왔다.

특히 3金은 자신들이 살고 있던 동네 이름을 딴 상도동계, 동교동계, 청구동계 세력을 오랜 기간 이끌며 계보정치를 선보였다. 이러한 3金의 '보스정치' 또는 '계보정치'는 우리나라 역사에서 전무후무(前無後無)하다. 3金이 한국의 현대정치사에서 차지하는 존재감이 컸던 만큼 3金 계보정치의 뿌리도 깊다. 노무현 제 16대 대통령도 상도동계로 정치에 입문했다.

3金을 중심으로 세력을 형성했던 계보 정치인들 가운데는 보스를 위해 모든 희생을 무릅썼던 이들이 많다. 그중에서도 가장 가까운 곳에서 보스를 보필했던 측근(側近)은 그들의 보스를 어떻게 기억하고 평가할까.

'영원한 YS 비서실장'이라고 불리던 김덕룡 5선 의원, '리틀 DJ'로 불렸지만 동교동의 비주류였던 한화갑 4선 의원, JP를 공화당 의장 때부터 수행했으며 현재 운정재단 부이사장인 조용직 재선 의원이 자신들이 모신 3金 보스에 관한 이야기보따리를 풀었다.

YS와 민주화 투쟁

김덕룡 5선 국회의원

YS를 처음 만난 것은 필자의 대학 시절, 그러니까 1963년 5·16 군사 쿠데타 후 첫 민선 국회인 6대 국회가 시작될 무렵이었다. 서울대 졸업생과 교수 출신 30여 명이 국회의원으로 당선됐기에 후배 재학생으로서 축하의 뜻을 전달하는 자리였다. 두 번째는 필자가 서울대 문리대 학생회장으로서 학생회 행사인 '학림제'에 당시 여야 대변인직을 맡고 있었던 대학 선배 여당의 구태회 의원과 야당의 김영삼 의원을 학교로 초청해 강연회를 열었을 때다.

그 이후 가끔 만나 학원 상황과 정치에 관한 대화를 나누는 자리를 가지던 YS가 필자에게 1967년 7대 총선에 필자의 고향 전북 익산에서 출마하라고 권고하기도 했고, 자기 비서실에서 같이 일하자고 제의하기도 했다. 하지만 나는 아직 공인으로서 정치권에서 일할 수 있는 준비가 부족하다고 생각했기에 사양했다.

그러던 중 1970년 YS가 40대 기수론을 들고 나서며 노쇠한 야당에 새바람을 일으키고도 패배했으나 결과에 깨끗이 승복하고 전국 방방곡곡을 누비며 김대중 후보 지원 유세를 벌이는 모습을 보았다. '정치란 저렇게 하는 것이구나!' 감탄하고 있을 때, 비서로서 자신을 도와

줄 수 없겠느냐는 YS의 제안을 받았다. 패배한 YS에게 느낀 연민과 함께 결과에 깨끗이 승복하는 모습은 결코 거절하지 못하도록 하는 그 무엇이 있었다.

숙명이라고 생각하고 그 제의를 수락했고 다니던 직장도 스스로 그만두었다. 이렇게 해서 1970년 말부터 YS와 길고 긴 동행의 여정이 시작되었다. 이렇게 시작된 YS와의 동행은 가시밭길이었다. YS의 고난의 역정(歷程)은 곧 한국 민주화 투쟁사 그 자체였으며, YS와 그 여정을 같이한 필자 역시 한국 민주화 투쟁사를 내 몸으로 썼다고 자부한다.

우리가 익히 알고 있는 바와 같이 YS는 민주화 투쟁의 고비 고비마다 '대도무문'(大道無門)이라는 정면승부로 그 고난을 헤쳐 나갔다. 그 고비마다 한국 민주주의 역사에 길이 빛날 어록이 나왔으니 몇 가지는 아직도 기억이 생생하다.

이제 민주주의는 개막하기 시작했고, 마침내 새벽이 돌아왔습니다. 아무리 새벽을 알리는 닭의 목을 비틀어도 새벽은 옵니다.

— 1979.5.20. 신민당 총재 수락 연설

어떠한 탄압이 있다 하더라도 민주주의를 위한 나의 신념과 소신은 바꿀 수 없습니다. 나는 잠시 살기 위하여 영원히 죽는 길을 택하지 않고,

190

잠시 죽는 것 같지만 영원히 살 길을 선택할 것입니다.

— 1979.10.4. 국회의원 제명에 임하여

나에 대한 어떠한 소식이 들리더라도 그것에 연연하거나 슬퍼하지 말고 오히려 민주주의에 대한 우리 국민의 뜨거운 열정과 확고한 결의를 보여주시기 바랍니다. 이것이 나의 호소요 당부입니다.

— 1983.5.18. 단식투쟁에 들어가면서

YS는 50여 년에 걸친 정치 인생에서 단 한 번도 구차하게 타협하거나 굴복하지 않았다. 해외에서 유신 쿠데타를 맞았으나 구속을 각오한 채 스스로 귀국하였고, 잔인한 독재 권력과 단호하게 싸우면서 탄원서 한 번 써 보지 아니하였다. 특히 23일에 걸친 무기한 단식투쟁에 들어가면서 "우리들의 민주화 투쟁은 죽음을 건 투쟁이어야 한다!"라고 했고, 그 단식을 중단하면서는 "살기 위하여 단식을 중단하는 것이 아니라 싸우다 죽기 위하여 중단한다!"라고 말했다.

1987년 야당 후보단일화에 실패하여 대선에 패배한 이후에도 김대중 평화민주당과의 통합을 위하여 총재직을 사퇴하고 평민당이 요구하는 소선거구제까지 받아주었다. 하지만 끝내 통합이 거부되자, 호랑이를 잡기 위하여 호랑이 굴에 들어가는 담대함을 보였다. 이것이 바로 논란이 많은 '3당 통합'이다. '3당 통합'은 피 흘리지 않고 빠른 시일 내 민주화를 달성하겠다는 YS의 전략이었다.

민주산악회에서 YS와
대화하는 필자.

　필자는 대한민국 현대 정치사에서 1948년 정부수립 못지않게 중요
한 역사적 사건이 1993년 30년 군부통치를 청산하고 문민정부를 세운
것이라고 생각한다. YS의 문민정부는 지방자치를 전면 실시하여 민
주주의를 제도적으로 완성했고, 하나회를 척결하여 군사쿠데타의 위
험을 완전히 차단시켜 수평적 정권교체를 가능케 하였다. 김대중 정
부, 노무현 정부의 출현도 문민정부의 수립으로 비로소 가능했던 것
이 아닐까?

　이 땅에 문민 민주 정부를 세우기까지 한국 민주화의 긴 여정에서
YS와 동행한 것을 필자는 자랑스럽게 생각한다. 민주화의 긴 여정에
서 YS의 손발을 묶으려는 규제 때문에 필자 역시 수차례에 걸쳐 투옥
을 당했지만, 한 번도 YS를 원망한 적이 없으며 그 같은 심정은 지금
도 마찬가지다.

　1970년부터 1988년 13대 국회의원에 당선되어 한 사람의 독립된 정

치인이 되기까지 필자는 18년이라는 긴 세월을 YS의 비서와 비서실장으로 일했다. 그래서 정치활동 규제에 묶여 YS, DJ, JP 등과 함께 가장 마지막까지 해금되지 않았던 14인 중 한 명이 되었다. 하지만 만약 지금 또다시 이전의 역사가 되풀이되더라도 YS와 동행을 마다하지 않을 것이다. 그것이 옳은 길이요, 사람이 가야 할 길이기 때문이다.

YS는 인간적으로도 본받을 점이 많은 분이다. 그 가운데 하나가 철저하게 시간 약속을 지키는 일이다. 한때 한국사회에는 '코리안 타임'(Korean Time)이 있어, 정당 활동을 할 때 약속시간을 지키지 않는 것은 물론 한 시간씩 회의 시작이 늦는 것도 보통이었다. 그러나 YS는 비서와 한 약속이라도 꼭 5분 전에 도착해 정좌해 있곤 했다.

또 하나의 덕성은 '경청'(傾聽)이다. 모시고 일하는 동안 필자의 하찮은 의견이라도 열심히 들어주었다. 물론 자기주장을 관철하기 위해 상대를 열심히 설득하기도 했지만, YS는 남의 말을 열심히 그리고 인내심을 발휘하면서 귀 기울여 듣는 '경청의 달인'이었다.

YS는 또 효성이 지극한 분이었다. 아침마다 일어나 아버지께 전화 문안드리는 것 역시 YS의 트레이드마크(trade mark) 가운데 하나다. 매일 아침 문안 인사를 드린다는 것은 쉬운 일 같으나 그 실천은 결코 쉬운 일이 아니지만 바쁜 일정에도 늘 빼먹지 않았다.

여기에다 유달리 즐겼던 아침 조깅도 YS의 아름다운 덕목이다. 자신의 건강을 위한 것인데 무엇이 대단하냐고 물을 수 있겠지만, 몸이 아플 때나 성할 때나 날이 궂을 때나 맑을 때나 빼먹지 않고 조깅을 한다는 것은 아무나 할 수 있는 일이 아니다. 그리고 보면 YS는 자신에게 엄격하고, 남에게 관대한 사람이었다. 그래서 상도동에는 그렇게도 많은 사람이 모였던 것이다. 정치인 YS는 물론, 인간 YS가 그립다. 보고 싶다.

김대중 대통령을 말한다

한화갑 4선 국회의원

필자는 1939년 전라남도 신안, 다시 말해서 DJ와 같은 지역에서 태어나, 서울대 외교학과 학생으로 재학 중일 때부터 DJ라는 야당 정치인에 관련한 얘기를 들었다. 당시 고등학생 과외선생으로 아르바이트를 해야 했는데, 단지 호남 사람이라는 이유만으로 일자리를 구하는 데 많은 어려움을 겪었다. 이때부터 필자는 지역감정을 이 땅에서 반드시 뿌리 뽑고 말겠다고 결심했다. 그리고 그 유일한 방법은 바로 호남 사람이 대통령이 되는 것이라고 생각해서 대학교 3학년 학생 신분으로 동교동으로 찾아가 DJ를 처음 만나 뵈었다. 그러니까 2009년 타계하실 때까지 50년 가까이 DJ와 인연을 맺은 셈이다.

대학을 졸업한 후, 28세 청년이었던 필자는 1967년 7대 총선에서 목포에 출마한 DJ의 선거 유세에 적극 참여해 당선시키는 데 일조하면서 본격적으로 정치에 입문하게 되었다. 이후 동교동 출신 정치인으로 성장하여 14, 15, 16, 17대 4선 의원으로 선출되었고 정당 대표까지 맡기도 했다.

'행동하는 양심' DJ를 회고하면서 수많은 기억 가운데 세 가지 얘기

김대중 대통령과 담소를
나누는 필자.

를 꼭 남기고 싶다. 그중 하나는 김대중 대통령의 노벨평화상 수상과
관련된 것이다. 많은 사람들은 2000년 12월 김대중 대통령이 노벨평
화상을 수상한 것이 바로 6개월 전 2000년 6월 15일 역사적인 남북정
상회담과 남북공동선언을 이뤄낸 공로 때문으로만 알고 있다. 하지만
1987년 1월 서독 사회민주당 국회의원 73명의 추천으로 김대중 대통
령은 이미 노벨평화상 후보가 되었으니, 그로부터 10여 년 만에 노벨
평화상을 수상하게 된 것이다.

　필자는 여러 가지 이유로 1985년 9월 서독으로 유학의 길을 올라,
베를린자유대학의 청강생으로 1년간 유학한 적이 있었다. 서독에 도
착해서 학교 수속을 마친 후 서독의 각계각층 인사들을 만나서 DJ의
공민권 회복을 위한 활동을 시작했다. 그러던 중, 1986년 2월 빌리
브란트 수상을 만나 한국 정치지도자 DJ가 노벨평화상을 받을 수 있

도록 도와 달라고 요청했다. 서독 기독교계의 최고지도자 샤프 감독(監督)을 만났을 때, '한국의 재야인사 김대중은 노벨평화상을 받을 자격이 충분하다'는 말을 들었기 때문이다. 브란트 수상은 DJ에 대한 존경심 때문에 나를 만나준다고 말하면서 기꺼이 DJ를 노벨평화상 후보로 추천하겠다고 약속하더니 그 약속이 실현된 것이다.

또 하나는 당시 동교동을 출입하던 언론인들이 필자를 보고 '리틀 DJ'(Little DJ)라고 호칭하는 바람에, 동교동 내부적으로 본의 아니게 심한 견제를 받았다. 아마도 고향이 같고 필자의 말투나 사투리, 거기다 제스처까지 DJ와 비슷하다고 본 언론인들이 편하게 '리틀 DJ', 즉 '작은 DJ'라고 불렀던 것으로 알고 있었지만, 당시는 물론이고 아직도 이런 호칭에 상당한 부담을 느끼고 있다.

마지막 세 번째 얘기는 1997년 가을, 제15대 대통령 선거를 코앞에 두고 DJ 비서 출신 정치인들이 결의를 모아 대국민 성명을 발표했다. 필자가 성명서를 작성하고, 김옥두, 남궁진, 최재승, 설훈, 윤철상 등이 배석한 가운데, 김대중 후보가 대통령이 되더라도 우리는 청와대나 내각에 진출하는 임명직을 사양해 능력 있는 인재들을 등용할 수 있도록 하겠다는 성명을 발표했다. 이 성명 발표의 반응은 아주 긍정적이었고 좋은 반향을 일으켰다. 그 결과 남궁진 문화관광부 장관 외에는 모두 그 약속을 지켰다.

김대중 대통령은 민주화운동 과정에서 비폭력 적극 저항을 주창했다. 비(非)폭력, 비반미(非反美), 비용공(非容共)과 같은 3비(三非) 원칙이나, 행동하지 않는 양심은 '악의 편'이라고 설파했다. "더 이상의 정치보복도 나 하나로 끝내자, 우리의 민주화는 1980년대 말에는 반드시 실현된다"라는 등 신념과 확신에 찬 주장은 어느 때 어느 장소에서나 일관된 소신이었다.

필자는 김대중 대통령과 같은 지도자를 모셨다는 것을 평생의 영광으로 생각하며, 다시 태어나 평생의 진로를 다시 결정하더라도 기꺼이 지금까지 살아온 그대로 김대중 대통령을 모실 것이다. 앞으로 한국에서 김대중 대통령이 꿈꾸고 설계하고 실천하려고 했던 일들이 이뤄져 세계적으로 존경받는 대한민국 국민이 되기를 소망한다.

특히 김대중 대통령이 그렇게도 심혈을 기울여서 평생 추진했던 남북한 간의 항구적인 평화가 정착되고 한반도가 통일되어, 8천만 민족이 세계 역사의 한 페이지를 차지하는 날이 어서 빨리 오기를 두 손 모아 기도한다.

JP와 인연 60년

조용직 운정재단 부이사장

1960년 봄, 서울대 문리대 교정 잔디밭엔 이곳저곳에서 학생들이 담론을 벌이고 있었다. 암울한 세상을 걱정하던 차에 4·19가 일어났고, 이듬해 5·16이 터졌다. 군이 전면에 나선 것이다.

정상적이진 않으나 강력한 힘이 아니면 변혁을 가져오기 힘들 것이란 생각에 잠겼던 나에게 JP란 인물이 서울대 강당에 감히 나타난다는 전갈이 왔다. 학생들 일부는 어떻게 망신을 줄 것인가를 숙의했다. 민주당 정권의 달변가 조재천 씨가 망신을 당하고 갔다는데, 과연 JP는 무사할까 기대 반 걱정 반이었다. 결과는 대성공이었다. '박차고 일어나자!'는 그의 소신에 찬 호소에 장내는 숙연했고, 끝날 때는 만장의 갈채를 받았다.

일곱 살에 황해도 연백에서 남쪽으로 넘어오는 바람에 아무런 '백'도 없는 나에게 매력적인 광고가 눈에 띄었다. 민주공화당 공채 1기생 모집이란 광고였다. 1965년 공채합격이 막연하게 흠모했던 JP와 일생을 같이하는 결정적 계기가 될 줄은 미처 몰랐다.

중앙당 선전부에 배속된 나는 장기외유에서 돌아와 전국 순회강연에 나선 JP를 수행토록 명을 받았다. 1967년 양대 선거를 대비해 JP 의 등장을 암시하는 조치라고 짐작했다. JP는 시, 도청 소재지에서 국가발전 전략을 설파했다. 강연 내용은 당보인 〈민주공화보〉에 전 재하여 전국에 배포됐다. 드디어 1966년 말 〈박(朴)·김(金) 체제 확 립〉이란 간판으로 JP는 당 의장으로 복귀해 1967년 양대 선거의 압승 에 큰 몫을 했다.

1967년 대선 때의 일이다. 박정희 후보와 JP 등이 대전에서 첫 유 세를 벌여 대성황을 이루었다. 다음 일정부터는 JP가 시·군·구 단 위 유세를 별도로 운영토록 했다. 그 바람에 JP 유세단에서 수행기자 단을 지원하는 일을 내가 맡았다. 도로 사정이 안 좋아 먼지투성이였 던 시절에 전국일정을 두 차례 무사히 마치고 춘천에서 마감 파티가 벌어졌다. 수행기자들에게 고마움을 표하고 여러 현안에 관한 질문에 답변을 마친 JP는 홀가분한 기분이어서인지, "잘살아 보세 …"를 흥얼 거리면서 직접 운전대를 잡고 서울로 향했다. 뒷모습이 멋졌다.

1971년 박정희 대통령의 3선개헌이 쟁점이 됐던 때의 일이다. 박 대통령과 서로 좋아했던 양순직, 예춘호, 정태성 등 5명의 현역의원 이 3선개헌만은 안 된다고 하는 바람에 제명됐다. 뒤이어 원외 각급 당직자의 출당이 시작됐는데 공채요원 중에서는 필자만이 포함되었 다. 3선개헌에 소극적이었던 공채요원들이 '창당이념 수호 궐기대회' 를 비밀리에 결행했기 때문이다. 집권당 내에서 집단반발 운동으로는 전무후무한 일이었다.

졸지에 실업자 신세가 된 나는 정치에선 간혹 있을 수 있는 일이라며 아내를 이해시킨 뒤 집은 전세 놓고 전화기, TV 등을 처분해 서강대 마루턱에 '대학식품'이란 구멍가게를 차렸다. 연초(煙草) 소매도 곁들였다. 마침 서울대 신문대학원 입시요강이 눈에 띄었다. 영어, 사회학, 상식 면접이 시험과목이란다. 밤엔 아내를 도와 가게를 지키면서 《사회학개론》을 다시 펼쳤다. 합격통지를 받고 교무과에 확인해 보니 제일 꼴찌로 합격한 것이었다. 나중에 대학원 이력이 대변인이 되는 데 도움이 된 듯하다.

1971년 대선을 앞두고 중앙당과 별도로 '서울 전담 기획실'이 발족했을 때, 나는 한양화학에 입사해서 2회의 차관계약을 체결하고, 미국 측과 원활하게 소통하는 등 초창기 중화학공업에 열을 올리고 있었다. 느닷없이 강성원 기획실장에게 급히 보자는 연락이 왔다. 출당됐던 나를 서울기획실에 기용하겠다는 전갈이었다. 당시 근무하던 회사의 조건이 좋았지만 복당의 기회라고 생각해 즉각 응했다.

1971년 대통령 선거는 정말 치열했다. 4월 18일 김대중 후보의 장충단 유세는 예상외로 성황을 이루었다. 강 실장을 앞세운 일행은 현장을 점검하고 4월 25일 유세 대책을 재점검했다. 한강 이남·이북 지구당 인사들에게 유세현장인 장충단공원으로 집결하여 일반인들의 관심을 유도하라는 엄명을 받았다. 나에겐 바닥이 습하니 차지 않도록 가마니를 깔도록 지시가 내려져 이문동 부근의 농가를 모두 뒤져 결국 다 까는 데 성공했다.

1988년 자민련 송파갑 지구당 개편대회에서 JP와 필자.

유세 당일 경동교회 앞 큰 도로가 꽉 차도록 밀려드는 인파를 보는 순간, 고마움의 눈물이 앞을 가렸다. 개표 결과 서울에서는 60 대 40으로 우리가 패했지만, 전국 득표 차이가 95만 표라는 사실이 드러나자 선전했다는 평을 들었다.

세월은 흘러 1987년 정국은 '1노(盧) 3김(金)'으로 개편되어 대선전에 진입했다. JP는 유세 도중 김용채 선대본부장과 당시 대변인이었던 필자에게 밀령을 내렸다. 김대중, 김영삼 측 선대본부장인 이중재, 김재광 의원과 비밀리에 접촉하여 양측이 단일화하기로 합의하면, 그가 누구든 우리는 손을 얹을 것이란 사실을 알리고 그들의 의중을 타진해 보라는 명이었다. 한마디로 야권후보단일화 제안이었다. 이중재 본부장은 김대중 후보와 의논해 보겠다고 했고 김재광 본부장은 현장에서 그렇게 하겠다고 'OK'를 했다. 결과는 무산이었다.

그 이후 JP는 보령에서 유세를 마치고 잠자리에 든 것으로 위장한 채 수행기자들을 따돌리고, 자정이 넘은 시각에 김영삼을 만나기 위해 유성호텔로 달렸다. 김영삼 후보 측에서 유세가 늦게 끝나 좀 늦겠다는 전갈이 와서 이희일 비서실장을 남겨 놓고, 김대중을 만나기 위해 도고호텔로 달렸다. 그러나 김대중 후보가 올 수 없다는 전갈을 보내오자 JP는 그 즉시 수행기자들이 눈치 채기 전에 보령을 향해 또 달렸다.

그런데 웬걸, 기자들이 쌍욕을 해 가며 대변인인 나를 윽박질렀다. JP는 숙소로 들어가 문을 잠갔다. 기자들은 JP의 얼굴이라도 보지 않고는 농성을 풀지 않겠다고 소리를 질렀다. 나는 잠긴 문을 여러 번 두드려 JP에게 기자단 대표를 잠시라도 만나도록 간청한 끝에, 아침에 기자들에게 회견을 열겠다고 약속해 겨우 사태를 수습했다.

JP와의 이런 인연 덕분에 필자는 12대, 14대 국회의원과 국민건강보험이사장을 거쳐, 오늘날엔 박정희 대통령의 위업을 선양하는 민족중흥회 부회장이자, JP의 재단법인 운정(雲庭) 재단에서 이태섭 이사장을 모시고 부이사장으로서 JP의 업적을 기리면서 반세기를 넘는 인연을 이어 가고 있다.

제 15장

디지털 저널리즘 연구소에서
바라본 3金

디지털 저널리즘 연구소

1973년에 KBS 한국방송공사 1기생으로 입사해 30년이 지난 2003년, 뉴미디어 본부장을 끝으로 방송계를 떠나야 했던 저자는 고려대 석좌교수로 언론대학원에서 '공영방송의 이론과 실제'라는 과목으로 강단에 섰다. 강의가 없는 날에는 강남에 마련된 조그만 개인 사무실로 매일 출근했는데, 그곳이 바로 '디지털 저널리즘 연구소'다.

저자는 방송기자로 출발해 KBS 초대 뉴미디어 본부장을 맡으면서, 모든 송출방식이 아날로그에서 디지털로 바뀌는 디지털 혁명과 디지털 방송의 위력을 생생하게 지켜보았다. 그래서 기존의 저널리즘에도 디지털로 인해 상당한 변화가 불가피할 것으로 보고 이런 변화를 연구하고자 '디지털 저널리즘 연구소'라는 간판을 내걸었다.

DJI 디지털 저널리즘 연구소 로고.

처음에는 생소하게 들렸지만 '디지털 저널리즘'으로의 불가피한 변화에 공감한 동료 언론인들이 이 연구소 회원으로 가입했다. 약칭 '디저연'으로 불린 연구소는 이곳저곳 사무실을 옮기면서도 언론인 친목단체로서 명맥을 유지하고 있다. 신문사, 방송국, 통신사 기자 출신의 회원 10여 명이 가끔 시국에 대한 담론을 나누며 현역기자 시절의 추억을 떠올리기도 하고, 오늘날 '유튜브'와 같은 SNS의 파급효과에 대한 열띤 논쟁을 벌이기도 한다.

'디지털 저널리즘 연구소' 회원에는 언론인은 물론, 이들과 친소관계가 있는 기업인 황재우, 박용하, 김승제, 손일락, 이지태, 박기석 회장 등이 동참했다. 이들은 경제현실과 관련한 생생한 증언을 통해 '디저연' 담론(談論)의 폭을 경제 분야로까지 넓혀주었다.

마침 2015년 가을 '디저연' 회원 9명이 운동을 함께했다. 이날 모임에 MBC 출신으로 YTN 사장까지 지낸 구본홍, 〈경향신문〉 김충일 기자가 개인 사정으로 불참해 기념사진에 없는 아쉬움이 남지만, 대

2015.9.11. '디지털 저널리즘 연구소' 회원들과 함께 운동을 마친 후 기념사진.
좌로부터 서형래 (연합뉴스), 하금열 (SBS), 민병욱 (동아일보), 강천석 (조선일보),
김인규 (KBS), 배석규 (YTN), 이종구 (한국일보), 백화종 (국민일보), 박정찬 (연합뉴스).

부분이 당시 언론인의 시각에서 바라본 3金에 관한 소회를 남겼다.
이때의 대화를 토대로 이날 모임에 참석했던 회원들이 글을 보내와
여기에 싣는다.

  그런데 '디저연' 언론인 가운데 백화종 전 〈국민일보〉 부사장이
2015년 10월 지병으로 별세했다. 〈동양통신〉을 거쳐 〈연합통신〉 정
치부 기자로 명성을 날렸고, 그의 결혼식 (1977년 12월) 은 YS가 주례
를 맡아 화제가 되기도 했다. 〈국민일보〉로 옮긴 뒤에 정치부장, 편
집국장, 논설실장, 전무, 주필, 부사장 등 요직을 두루 거쳤다.
  특히 뛰어난 글재주로 수많은 '백화종 칼럼'을 남긴 고인은 생전에 3

金이 모두 타계한 후 3金 저술을 저자와 같이하자고 굳게 약속했는데, YS보다 한 달 전 먼저 타계함으로써 출간일정을 부득이 늦추게 만든 장본인이기도 하다.

고인의 '백화종 칼럼' 가운데 兩金에 관한 대표적 칼럼 두 편을 소개하면, 전자는 퇴임을 하루 앞둔 제14대 대통령 YS에게 보낸 편지 형식의 글이고, 후자는 제15대 대통령에 취임한 지 두 달을 맞는 DJ에게 보내는 조언(助言)을 담았다.

김영삼 대통령께

백화종 전 〈국민일보〉 부사장

참으로 착잡합니다. 착잡함으로 말한다면 누가 김영삼 대통령 자신의 그것을 따라갈 수 있겠습니까. 그러나 이른바 두 김 씨 취재에 기자 생활의 상당 부분을 보내는 등 이런저런 사연이 얽힌 저로서도 김 대통령을 이런 모습으로 떠나보내는 게 여간 착잡하지 않을 수 없습니다.

문자 그대로 영욕(榮辱)을 거듭하다 국가 최고지도자의 자리에까지 오르는 등, 한 시대를 풍미했던 정치인이 끝내는 아쉬워하는 사람도 별로 없는 가운데 퇴역한다는 게 보기에도 민망할 뿐입니다.

어쩌면 누구보다도 김 대통령 스스로 지금의 자리가 가시방석으로 느껴지고 그래서 빨리 내려가고 싶어 하실지도 모르겠습니다.

김 대통령께서는 정권의 야당 총재직과 국회의원직 박탈에도 "잠시 살기 위해 영원히 죽는 길을 택하지 않겠다!"라며 유신에 항거하던 시절, 강제 출국과 가택연금 등으로 민주인사들을 탄압하던 군사독재에 죽음을 불사하는 단식으로 맞서던 시절을 몇 번이고 떠올렸을 것 같습니다.

그럴 때면 그 시절과 오늘의 현실을 비교하면서 "이건 아닌데, 이러자고 그때 사선을 넘나든 건 아닌데 …"라고 되뇌시지나 않는지요. 30

년 만에 쟁취해 낸 문민정부에 대한 국민의 기대와, 역사에 남는 대통령이 되겠다던 본인의 의욕이 이렇게 허무한 거품으로 끝나버린 게 도저히 믿어지지 않을 것이며, 그에 따른 회한과 분노 같은 걸 주체하기 힘들 것이라는 생각이 들기도 합니다.

민주화 투쟁의 현장을 지켜보면서 성공하시길 바랐고, 대통령이 되는 걸 보면서 국민을 위해 잘해주실 걸 기대했으며, 그래서 재임 중엔 듣기 거북한 말씀도 더러 드렸던 저이지만 지금은 적절한 위로의 말씀조차 찾지 못해 안타깝기만 합니다.

쌀 다섯 말의 녹을 받아먹기 위해 머리를 조아리는 게 싫다며 관복을 훌훌 벗어던지고 고향에 묻혀 귀거래사(歸去來辭)를 읊던 도연명을 생각해 봅니다. 그는 낙향한 뒤 자연을 벗해 시나 읊으며 가난하나 유유자적(悠悠自適) 한 삶을 살았지만, 외람되나 김 대통령께서는 퇴임 후에도 얼마간은 마음이 결코 편치 않으실 것 같기에 떠올려 본 것입니다.

이미 재임 중에도 못 당할 일을 많이 당하셨지만, 앞으로도 상도동을 향해 부는 바람이 만만치 않을 것이란 느낌이 듭니다. 또 지금의 분위기로는 그 바람을 막아줄 울타리도 변변히 없을 것 같습니다.

김 대통령께서는 어쩌면 하고 싶은 말씀이 있을지도 모릅니다. 공(功)은 다 어디 가고 과(過)만 남았느냐고 말입니다. 그러나 어쩌겠습니까. 아무리 역전의 명수라 해도 9회 말에 집중타를 얻어맞으면 하는 수가 없습니다. 김 대통령께서는 임기 말에 IMF 법정관리라는 너무 큰 것을 얻어맞고 말았습니다.

눈이 내릴 때는 쓸지 않는 법이라고 하더군요. 눈이 다 내릴 때까지 쌓이게 두셔야 할 것입니다. 인내하셔야 합니다. 잘해 보려고 노력했다 해도 결과가 이렇게 된 이상 국가 최고경영자로서 책임을 통감하는 모습을 보여주셔야 하며, 이런저런 사연을 달면 많은 사람의 분노를 자극할 뿐입니다. 굳이 하시고 싶은 말씀이 있더라도 눈이 그칠 때까지 기다리십시오. 누구도 원망하지 마십시오. 그래야 마음의 평안이 찾아질 것입니다. 그리고 기도하십시오. 나라를 위해 간절히 기도

1977.12.10. YS 주례로 치러진
필자의 결혼식.

하십시오. 그래야 마음의 짐이나마 덜 수 있을 것입니다.

　끝으로 꼭 부탁드리고 싶은 것은 김대중 차기 대통령이 필요로 하
고 또 그럴 여건이 허락한다면 그를 도와주시라는 말씀입니다. 써놓
고 생각하니 5년 전 꼭 이맘때도 두 분께 비슷한 부탁을 드린 일이 기
억납니다. 미운 정 고운 정 다 든 두 분의 개인적 관계를 떠나 이 나라
를 선진국의 반석 위에 올려놓아야 한다는 데, 그러기 위해 개혁이 필
요하다는 데 두 분이 뜻을 같이하고 계신 걸 알고 있기에 드리는 말씀
입니다. 역사에 봐도 개혁이란 성공한 사례보다 좌절된 사례가 더 많
더군요. 그렇다고 포기할 수 없는 게 개혁이며, 따라서 김 대통령은
힘닿는 데까지 김 차기 대통령을 도울 것으로 믿습니다.

　언젠가 "미스터 백까지 나를 몰아붙이는 글을 쓰느냐!"고 농담을 하
시던 김 대통령의 말씀 중에 반은 진담이 섞여 있을 것이라는 느낌이
들어 마음이 아팠는데 오늘도 별로 마음에 드실 것 같지 않은 말씀을
드리게 돼 죄송합니다. 이젠 정말 나라가 잘되고, 그래서 김 대통령
께서도 평안을 찾으셨으면 좋겠습니다.

1998. 2. 23.

태종과 세종 그리고 DJ

백화종 전 〈국민일보〉 부사장

두 김 씨를 취재하면서 김영삼 전 대통령이 오로지 정치만을 위해 태어난 분이라면, 김대중 대통령은 비록 정치가 아니더라도 다른 분야에서 얼마든지 성공할 수 있었을 분이라는 생각을 하곤 했었다. 김영삼 전 대통령은 오관(五官)이 온통 정치에 쏠려 있고 또 탁월한 감각을 지니고 있는 데 반해, 김대중 대통령은 다방면에 관심과 함께 능력을 보였기 때문이다.

실제로 김영삼 전 대통령은 학창 시절부터 정치를 꿈꾸어 온 이래 그 외길을 걸어왔으나, 김대중 대통령은 정치하기 전에 문필 활동으로도 명성을 꽤 얻었고 사업에서도 기반을 잡았던 것으로 전해진다. 듣기로는 두 분은 신문을 읽는 스타일부터 달라 전 대통령이 정치 기사에만 관심을 보이는 데 비해, 현 대통령은 신문에 밑줄을 그어가며 구석구석 읽고 또 중요한 대목은 메모해 챙긴다고 한다.

이러한 두 분의 성격과 태도는 당연히 통치 스타일의 차이로 이어진다. 김영삼 전 대통령은 정치적 판단을 근거로 일단 방향이 서면 다른 것들에 대해서는 눈을 감고 밀어붙이는 형이고, 김대중 대통령은 결정을 내리기 전에 이모저모를 꼼꼼히 따져 보고 모든 면에서의 완

백화종 전 〈국민일보〉 부사장.

벽을 추구한다.

　그런 의미에서 김대중 대통령이 선거 때 내세운 '준비된 대통령론'
도 결코 과장된 것이 아니다. 또 그러한 준비성과 다른 분야에서의 성
공 경험은 자신감으로 이어진다. 김 대통령의 준비된 자신감은 국정
운영의 곳곳에서 확인된다.

　우선 이른바 DJP 연합을 이끌어 내는 과정에서 국민회의와 자민련
이 주요 공직을 반분키로 양해한 것도 자신감의 발로이다. 소유주식
의 분포를 볼 때 자민련에 자리의 반을 넘겨주는 것이 손해라는 느낌
이 들겠지만 김대중 정부에서 일하는 사람은 결국 김대중 사람이라고
계산했을 것이다. 과거 어느 정권에서 일했느냐를 따지지 않고 인재
를 등용하는 것도 마찬가지 맥락이다. 또 선거 결과와 동시에 부상한
정계 개편론에 대해 이를 인위적으로 추진할 생각이 없다고 몇 번씩

강조한 배경에도 자신감과 완벽을 추구하는 김 대통령의 성격이 자리하고 있다. 여론을 통해 대세를 장악하면 야당이 아무리 원내 다수 세력이라 해도 따라오지 않을 수 없을 텐데 굳이 모양 사납게 인위적 정계 개편을 추진할 필요가 있겠느냐는 생각이었을 것이다. 노사정(勞使政) 합의에 의해 고통 분담 원칙을 이끌어 내고 앞으로도 그러한 기조를 유지하겠다는 것과, 만기친람(萬機親覽) 식으로 국정의 모든 부분을 전문 식견으로 꼼꼼히 챙기고 있는 것 역시 마찬가지 차원으로 설명될 수 있다.

이러한 김 대통령의 준비된 자신감과 완벽 지향성에 근거한 국정 운영 실험이 취임 두 달을 넘기면서 새로운 국면을 맞는 느낌이다. DJP 연합과 관련하여 정부 고위직 배분과 지방선거 후보 공천, 그리고 한나라당 의원 영입을 놓고 크진 않지만 삐걱거리는 소리가 들리는 게 사실이다. 내각제 개헌을 둘러싼 정치권의 탐색전이 시작된 느낌이고 만일 한나라당이 원내 제3세력으로 바뀔 경우 국민회의와 자민련의 관계가 어찌 될 것인가에 대해 성급한 검토도 나오고 있는 실정이다.

김 대통령은 여론을 통해 대세를 장악하면 한나라당이 협조하지 않고 못 배길 것으로 낙관한 것 같았으나 현실은 그렇지 않다. 노사정 관계 역시 처음엔 갑작스레 닥친 위기에 서로 고통을 분담하자는 분위기였으나 시간이 흐르면서 구조조정과 고용안정이라는 두 마리 토끼를 놓고 갈등이 표면화되고 있다. 물론 이러한 불안한 기운들이 아직 우려할 만한 수준은 아니며, 김 대통령이라면 이의 가닥을 잡을 만한 능력이 있다는 것을 크게 의심치 않는다. 다만 모든 사람을 만족시키면서 모양 좋게 위기를 극복할 수 있다는 식의 지나친 자신감은 일을 어렵게 만들지도 모른다는 기우를 어쩔 수 없다.

김대중 대통령은 불행하게도 민족의 성군인 세종대왕처럼 선대로부터 완전히 정지(整地) 작업이 끝난 나라를 물려받지 못했다. 김 대통령은 개국 초기의 혼란을 수습, 국기를 다진 태종과 그 토대 위에 민족문화의 금자탑을 쌓은 세종의 업적을 동시에 이루겠다는 의욕을 가지고있을 것이고, 그렇게 된다면 국민으로서도 더 바랄 게 없을 것이다. 그러나 천년 사직(社稷)을 반석 위에 올려놓겠다는 각오로 악역을 마다하지 않은 태종의 업적도 가볍게만 볼 일은 아니다.

1998. 4. 27.

김영삼 시대 승리와 좌절의 순간　　　강천석 〈조선일보〉 논설고문

귀 밝고 많이 묻고 가장 중요한 걸 제일 먼저 결단하던 대통령,

1996년 겨울과 2015년 겨울은 뭐가 닮고 뭐가 다른가.

김영삼 대통령이 26일 동작동 국립현충원에 묻혔다. 상도동 집과 선대(先代)로부터 물려받은 거제 생가(生家)와 임야는 이미 몇 해 전 재단에 내놓았다. 김 대통령은 정치가의 마지막 자랑인 무소유(無所有)를 보여주면서 홑몸으로 묻혔다. 이제 고인(故人)의 유산은 손으로 만질 수 없는 역사의 평가와 세상의 기억만 남았다.

　김 대통령은 44년의 정치 생애 동안 온몸으로 명예와 불명예의 기록을 써내려 왔다. 장례 기간 실시한 여론조사에서 응답자의 74%가 김 대통령이 한국정치 발전에 공헌했다고 대답했다. 그 가운데 37%는 '민주화운동, 독재항거'를, 17%는 '금융실명제'를, 10%는 '군사독재 청산과 군내(軍內) 사조직 하나회 척결'을 공(功)으로 꼽았다. 애도(哀悼) 분위기 속에서도 '김영삼 대통령 하면 먼저 떠오르는 생각'을 묻는 질문에 응답자의 17%가 'IMF 구제금융 사태'를 들었다. 민주화운동(21%) 다음으로 많았다. 가차 없는 역사다.

전성기의 김 대통령은 '귀 밝고' '많이 묻고' '가장 중요한 문제를 가장 먼저 결단, 실행'했다. 하나회 척결, 금융실명제와 공직자 재산 등록제 실시, 전직 대통령 수천억 원대 뇌물수수 처벌은 전광석화(電光石火)처럼 이뤄졌다.

취임 열이틀 후인 1993년 3월 9일 이른 아침, 전화기 저편에서 울리던 대통령 목소리가 여태 귀에 쟁쟁하다. 대통령은 "어때 … 어때 …" 하고 두어 번 물어 "대통령 아니면 하시기 힘든 일입니다!"라는 대답을 끌어낸 다음 전화를 끊었다. 대통령 고향 후배인 하나회 출신 육군참모총장과 기무사령관을 전격 해임했다는 신문 1면 톱뉴스가 전 국민을 놀라게 한 아침이었다.

김 대통령 시대는 임기 후반에 들어 '귀 밝고' '많이 묻고' '가장 중요한 사안을 가장 먼저 결단, 실행'하는 3박자가 흐트러지면서 급속하게 기울었다. 귀 따가운 이야기를 하던 사람들이 제 발로 또는 등이 밀려 대통령 곁을 떠났다. 고급 정보 보고를 축적한 대통령은 어느 자리에서나 좌중(座中)을 압도했다. 그 고급 보고에는 민심(民心)과 현실이 빠져 있었다. 대통령을 만난 사람들도 대통령이 먼저 묻지 않으니 대답할 수가 없었다. 그사이 가족과 측근의 문제는 종기에서 등창으로 악화됐다. '가장 먼저 결단, 실행해야 할 문제'가 뒤로, 변두리로 밀려났다.

외환 위기가 터지자 자기는 시한폭탄이 재깍 재깍 하는 소리를 들었다는 사람이 적지 않았다. 대통령에게 보고했다는 사람도 나왔다. 귀가 어두워진 대통령에겐 모깃소리만 한 보고는 보고가 아니다. 경제에 밝지 못한 대통령에겐 그에 맞게 보고해야 한다. 그게 진짜 참모다.

배가 완전히 기울어 침몰을 피할 수 없는 시점에 울리는 위험 경보(警報)는 경보가 아니다. 김 대통령이 수십만 명이 직장에서 쫓겨나 거리를 헤매야 할 재난(災難)이 닥쳐오고 있다는 사실을 적시(適時)에 정확하게 알았더라면 그냥 바라보고만 있지는 않았을 것이다. 무슨 수를 써서라도, 노동법 개정에 반대하며 국회를 마비시키든 야당을 돌려세울 비상수단을 동원했겠지만 역사는 그렇게 흘러가지 않았

1998년 〈조선일보〉 창간 78주년 기념식에서 YS를 영접하는 필자.

다. 국가의 재난 앞에선 대통령에게 면책사유(免責事由)가 없다. 제때 울리지 않는 고장 난 화재경보기 같은 참모들로 자신을 둘러싼 책임이 대통령에게 있기 때문이다. 국회도 예외가 아니다.

되돌아보면 1996년에서 1997년으로 넘어가던 그해 겨울은 심상치가 않았다. 기업들은 빚을 얻어 영토를 확장하기 바빴다. 한국 경제를 이끌어 온 핵심 산업, 핵심 기업들의 채산성(採算性)은 7~8년 가까이 내리막길을 굴러 왔다. 노조는 노동법 개정안 단독 처리를 무효화하겠다며 전국 규모의 총파업을 벌였다. 야당은 한 해 앞으로 다가온 대선 표(票) 계산에 몰두해 노조 등에 올라탔고, 여당은 재계(財界) 로비에 휘둘려 왔다 갔다 하면서 국회는 마비됐다. 측근 비리로 곤경에 몰린 대통령의 정치력은 무력화(無力化) 됐다. 국민은 입으론 불안하다면서도 연휴(年休) 때마다 공항을 북새통으로 만들 만큼 분수(分數)를 잊었다.

2015년 겨울은 1996년 겨울과 뭐가 다르고 뭐가 닮은 것일까. 어느 기업은 불안한 투자 대신에 10조 원을 쏟아부어 자기 회사 주식을 사들여 경영권을 안정시킨다고 한다. 가계 부채의 심각성은 귀에 못 박힐 만큼 들었지만 개선되고 있다는 소식은 없다. 민노총은 서울을 마비시킨 전과(戰果)를 자랑하며 다음에는 전국을 마비시키겠다고 호언(豪言)하고 있다. 선진화법에 막힌 국회는 식물 상태다. 각국과의 FTA 비준안과 경제 입법은 명(命)이 경각에 달렸다. 여당과 야당 마음은 내년 총선 공천지분(持分) 경쟁 쪽으로 옮아간 지 오래다. 대통령은 경제 입법 처리와 교과서 문제라는 두 개의 장(場)을 벌여 놓고 혼자 호소하고 혼자 경고하고 있다.

김영삼 대통령 승리의 순간과 좌절의 순간을 가까이서 지켜본 기자 마음이 스산한 것은 반드시 인간의 정리(情理) 때문만이 아니다. 그해 겨울과 올겨울이 자꾸 겹쳐 보여서다.

2015.11.28.

DJ 단상(斷想)

이종구 전 〈한국일보〉 논설위원

필자는 사실 정치부에 뒤늦게 발을 디딘 편이다. 그래도 정치담당 기자, 데스크, 논설위원으로 20년 가깝게 지냈으니 결코 짧다고 할 수는 없다. 초년병 시절은 사회부에서 잔뼈가 굵었고, 중견 기자로 넘어갈 즈음 정치부로 옮겼다. 그런 연유로 보통의 정치부 기자들처럼 3金과 현장에서 부딪히는 살가운 연(緣)은 거의 없다. 현장보다는 데스크로서의 접촉이 많았다. 3金이 필요할 때, 또는 데스크인 필자가 필요할 때 만남을 갖곤 했으므로 나름의 스토리도 없지는 않다.

3金 중에 필자는 DJ와 특이한 인연이 있다. 1990년대 중반쯤 정치부장 시절 어느 호텔 중식당에서 DJ와 점심을 함께했다. 둘만의 오찬에서 이러저러한 얘기 끝에 박정희 시절, 도쿄호텔 납치사건이 화제에 올랐다. 다 아는 얘기지만 DJ는 당시 도쿄의 한 호텔에서 중앙정보부 요원들에 납치돼, 바다에 수장되기 전 극적으로 풀려나 피랍 5일 만에 동교동 자택으로 돌아왔다. 자신에겐 끔찍한 기억일 터인데도 그는 당시를 잔잔하게 회상했다. 역시 대범한 사람이구나 느꼈다. 그때 슬그머니 호기심이 발동했다.

"총재님! 혹시 납치에서 풀려난 직후 자택에 연금됐을 때, 어떤 젊

1973.8.13. 김대중 납치 관련 기자회견.
© 김대중평화센터

은 기자가 총재님을 응원하는 전화를 몇 차례 했다가 된통 혼났다는 얘기가 있던 것 기억나세요?"라는 필자의 질문에 DJ는 "그런 기억이 있지 …"라고 답했다. 필자는 슬그머니 웃었다. 된통 혼난 기자가 바로 필자였지만, 더 이상 얘기를 이어가지 않았다. 왠지 계면쩍었기 때문이다.

도쿄에서 괴한들에게 납치됐던 DJ가 초췌한 모습으로 동교동 자택에 홀연히 나타나자 세상은 발칵 뒤집혔다. 당시 초짜 경찰서(마포) 출입기자였던 필자는 동교동이 관할 지역이므로 당연히 '현장'을 취재해야 했다. 필자가 맡은 일이라곤 부스러기 스케치일 뿐이었지만, 자택 응접실에서 내·외신 기자들의 질문에 답하는 '의연한 반독재 투사'의 모습을 보는 것만으로도 큰 행운이라 생각했다.

그러나 이틀 뒤 동교동 자택은 철저히 통제되었고, DJ는 가택연금됐다. 외부인과의 접촉도 끊겼다. 은근히 취재 욕심과 함께 정의감이 발동했다. 지금 생각하면, 정의를 위해서라면 세상에 두려울 게 없다는 소싯적 기자정신의 발현도 있었는지 모를 일이다.

마포경찰서 정보과 사무실에서 동교동에 매일 전화를 했다. DJ가 직접 받았다. 동교동 안팎의 분위기, 건강 상태 등을 묻기도 하고, '당신은 위대한 지도자다!', '온 나라가 지켜보고 있으니 용기를 잃지 마시라!' 등의 응원도 겸했다.

이런 전화를 하면서 닷새 정도 지났을까, 하루는 사회부장이 필자를 부르더니 "요즘 이상한 전화를 하고 다닌다던데 …"라며 씩 웃었다. 필자가 DJ와 나눈 대화가 정보당국에 고스란히 노출된 것이었다. 그 일로 진술서와 각서인지 뭔지를 써야 했다.

언필칭(言必稱) 선진 민주주의를 구가한다는 오늘의 관점에서 본다면, 정말로 호랑이 담배 피던 시절의 애기다.

2020. 11.

많이 달랐던 兩金의 정치 스타일   허남진 전 〈중앙일보〉 논설주간

1985년 2·12 총선부터 1987년 12월 대선에 이르기까지 2년 남짓 김영삼, 김대중 두 야권 지도자를 집중 취재했다. 민추협(民推協) 공동의장이던 兩金은 '직선제 개헌 1천만 서명운동'이란 기치를 내걸고 "군부 타도" 투쟁을 최전선에서 이끌었다. 당시 〈중앙일보〉 야권담당 기자들은 정국의 뇌관인 兩金의 동선을 쫓아 바삐 움직였다. 兩金의 자택이 있던 동교동과 상도동을 새벽부터 밤늦게까지 뻔질나게 드나든다 해서 '동가식 상가숙'(東家食 上家宿) 기자라는 농담까지 주고받기도 했다.

양쪽 집엔 아침저녁으로 기자들과 정치인들이 북적거렸고 식사도 함께했다. YS의 상도동은 특히 아침 시래깃국이 맛있었고, DJ의 동교동은 저녁 무렵 어쩌다 새참으로 내놓는 목포 직송 홍어회가 일품이었다. 상도동의 분위기가 밝은 편이었던 데 반해, 동교동은 다소 침울하고 무거웠다. 두 사람의 대조적인 표정이 반영된 듯했다.

당시 DJ는 오랜 미국 망명에서 막 귀국했지만 수시로 가택연금을 당하고 집 주변엔 항시 경찰이 근무하며 감시했다. 분위기가 침중할 수밖에 없었으리라.

1987.6.10. 통일민주당과 민추협 공동주최로 개최한 정권 영구집권음모규탄대회에서 기자회견하는 YS.

　兩金은 얼굴 표정 이외에도 여러 면에서 매우 대조적이었다. YS가 동적(動的)이요 행동파라면, DJ는 정적(靜的)이고 사변파(思辨派)였다.

　동네 주민들과 새벽 조깅이나 배드민턴으로 하루를 시작하는 YS는 남산 헬스클럽에서 별도로 체력을 다졌다. 반정부활동 조직을 위해 시작한 '민주산악회'를 이끌며 등산도 꾸준히 했다. "머리는 빌릴 수 있지만 건강은 빌릴 수 없다!"라는 유명한 YS의 건강론은 다리가 불편한 DJ를 겨냥한 견제구라고 여겨지기도 했다.

　다리를 절룩거려야 했던 DJ는 아침 기상과 함께 거실에 있는 수족

관에 먹이를 뿌리고, 앞마당 꽃밭에 물을 주는 것으로 일과를 시작한다. 꽃밭은 반듯한 사각형으로 갖가지 화초가 색깔 별로 반듯반듯 줄맞춰 심어졌다. 다소 많은 양의 식사를 하고 차에서도 수시로 쪽잠을 자며, 사람들과 토론하고 대화하기를 즐긴다. 운동하지 않으면서도 건강을 유지하는 나름의 비법이었던 셈이다.

그 무렵 두 사람의 수첩을 어깨 너머로 얼핏 본 적이 있다. DJ 것은 검정 이외에도 빨강, 파랑의 깨알 같은 글씨가 가지런하게 적혀 있었다. YS 수첩은 정반대로 글씨 크기가 들쭉날쭉하고 난외로 선이 죽 그어져 거꾸로 쓰여 있기도 했다. 정리정돈형과 자유분방형의 두 표본을 보는 듯했다.

말하기와 관련해 누군가 DJ는 단복형(單複型), 즉 간단한 사안을 길게 설명하는 능력이 뛰어난 반면, YS는 복단형(複單型), 즉 복잡한 걸 짧게 압축하는 능력이 출중하다 평했지만, 언변에선 DJ가 한 수 위였다. 다동(茶洞) '민추협' 시절 공동의장이던 兩金이 주재하는 북엇국 조찬 회의가 가끔 열렸다. 회의 전후 기자들은 兩金을 따로따로 만나 간담회를 가졌다. YS는 심각한 표정으로 "전두환 패거리 이 나쁜 놈들, 빨리 물러나는 게 사는 길이야!" 등 독설을 퍼붓기 일쑤였다. 기자들의 질문에 답변이 궁하게 되면 "하이고~ 기자들이 문제야 문제!"라며 피해 나가곤 했다. 기자들로선 뭔가 중요한 이야기를 들은 것 같은데 막상 기사화하려면 내용이 없어 난감했다. 이때 김덕룡(金德龍), 이원종(李源宗) 등 YS 비서들이 '살 붙여주기' 추가 설명을 해줬다. 그에 반해 DJ는 말하는 대로 적으면 그 자체가 기사였다. 논리정연했고 다방면에 걸쳐 나름대로 식견을 자랑했다.

1986년 말 호암아트홀에서 롤랑 조페 감독의 영화 〈미션〉이 인기리에 상영됐다. DJ도 모처럼 나들이하여 이 영화를 관람했다. 오후 동교동 자택을 방문해 〈미션〉을 화제에 올렸다. 재미있었느냐고 묻자 그는 "감명 깊었다. 인디언 마을이 불에 타 폐허가 된 뒤 다시 마을 어린이들이 뛰어놀고 한 꼬마가 발가벗고 쉬야를 하는 장면이 특히 인상 깊었다. 거기서 강인한 생명력을 느꼈다"라고 말했다. 문학적 소양이 물씬 풍기던 그의 모습이 지금도 눈에 선하다. 그처럼 DJ의 연설엔 문학적 수사가 많이 동원됐다. '인동초'(忍冬草), '춘향의 한(恨)' 등이 대표적이다.

반면 YS의 표현은 거칠다. 유명한 '닭의 모가지를 비틀어도 새벽은 온다!'를 비롯해 '전두환이 하이고~ 한 줌도 안 되는 군인들!', '독재자들의 종말은 죽음뿐!' 등 직설적이다. 오랜 동지였던 신민당 이민우 총재가 여당의 내각제 개헌에 동의할 움직임을 보이자, YS는 느닷없이 지리산 등정에 나섰다. 기자들이 대거 따라붙었다. 그러나 워낙 강행군이라 기자들 가운데 절반쯤이 중도 낙오했다. 필자는 등산취재를 하지 않고 하산 후 일정인 온양 온천에서 YS 일행을 기다렸다. 온천장에 들어선 YS는 의기양양하게 "하이고! 기자들 약골이데이"라고 놀려대며 즐겼다. YS는 "산을 오르자면 중도 낙오자가 생기듯 민주화 대장정에도 낙오자가 나오기 마련"이라고 말했다. 며칠 뒤 YS는 이민우 총재의 신민당과 결별하고 DJ와 함께 '통일민주당'이란 간판으로 새살림을 차렸다. YS는 이처럼 등산 관련 비유법을 즐겨 사용했다. "산에 올라가면 반드시 내려와야 합니다. 전두환 독재정권도 이제 내려올 일만 남았습니다!"라고 직선제 개헌 투쟁하며 가는 곳마다 강조한 연설의 한 대목이다. 지금도 귓전에 들리는 듯하다.

兩金은 남산 외교구락부 등에서 가끔 만나 정국을 논했다. 반정부 투쟁방법으로 직선제 개헌 서명운동을 벌이기로 한 것도 두 사람 회동에서 결정됐다. 회동에서 DJ가 먼저 서명목표를 1백만 명으로 하자고 제안했다. 그러자 YS는 "그래 갖곤 안 된데이. 1천만 명은 돼야한데이!"라고 고집해 그렇게 결정됐다. 이 회동에 배석했던 김상현 전 의원은 훗날 "택도 없는 목표치였지만 사실 누가 세어 볼 것도 아니라 DJ도 아무런 말도 하지 못하고 따랐다"라고 전했다. 배포와 배짱에서는 YS가 한 수 위였다고 할 수 있다.

하루는 兩金이 1시간여 회동 후 뜬금없는 공동 다짐을 선언했다. "우리 두 사람은 민주화될 때까지는 물론, 민주화가 된 뒤에도 끝까지 협력할 것입니다!" 한국정치사 최대의 식언(食言) 중 하나가 되어 버렸지만, 당시에는 두 사람의 다짐에 큰 박수를 보냈었다. 이 선언에 이어 兩金은 1987년 6월 10일 가두(街頭) 투쟁에서 어깨를 같이했다. 고(故) 박종철 고문살인 은폐조작규탄 범국민대회를 겸해 가진 직선제 개헌 쟁취 행렬 맨 앞줄에 兩金과 당시 신민당 지도부가 나란히 손을 잡고 서서 신촌부터 시청까지 차도를 장악한 채 '독재타도' 구호를 외치며 행진했다. 얼마나 멋지고 감격스러운 장면이던지. 취재기자로서의 냉정함을 잃은 채 兩金의 아우라에 흠뻑 빠져버렸던 기억이 새롭다.

兩金이 협력을 다짐한 직후 귀사 길에 이철승 의원을 만났었다. 또 거짓말을 한다며 "만약 지켜지면 내 손에 장을 지져!"라고 코웃음을 쳤다. 당시엔 이 의원의 발목잡기려니 했지만 끝내 그렇게 귀결되자 허탈감과 배신감이 몰려왔고, 두 사람의 실체가 달리 보이기 시작했다. 6 · 29 선언 직후부터 대통령 직접선거가 치러지기까지 兩金 후보단일화 실패의 전 과정을 취재하며 두 사람에 대한 실망감은 배가 됐다. 말 뒤집기와 상대 헐뜯기 등 비열함을 목도하며 "독재타도란 구호가 한낱 자신들의 대권욕을 위한 것이었나?"라는 생각까지 들었다.

성격과 정치 스타일이 극히 대조적이었지만, 권력욕과 고지를 향한 강한 집념에선 똑같이 닮은 兩金. 당시 두 사람이 후보단일화를 이뤄 내고 협력했더라면 지금 같은 지역감정이나 진영싸움, 패거리 정치는 훨씬 순화될 수 있었을 텐데 하는 안타까움이 가시질 않는다.

그러면서도 요즘 같은 좁쌀 정치판을 보노라면 자기 책임 아래 진퇴의 묘를 발휘하며 새판을 짜려고 애썼던 兩金의 큰 정치가 때때로 그리워지는 것도 사실이다.

2020. 12.

YS의 대도무문(大道無門)

하금열 SBS 5대 사장

1985년 신당 돌풍과 함께 '2·12 총선' 무렵, 당시 MBC 기자로 신민당을 출입하게 되면서 YS의 민주화 과정을 옆에서 지켜봤다. 거제도에서 태어난 필자는 평소 출생지가 같아 관심을 가졌던 YS를 가까이에서 관찰할 좋은 기회를 맞은 것이다. 한마디로 거산(巨山) YS와 '대도무문'(大道無門)은 느낌이 닮아 보였다. YS는 자신이 가야 할 길을 정한 뒤 거기에 맞을 등산화의 치수를 재는 정치인 같았다.

1986년 2·12 총선 1주년 기념식이 열리던 인의동 신민당사에서, YS 상임고문은 기념사를 끝내는가 싶더니 '1천만 개헌 서명운동에 즈음하여'라는 성명서를 발표했다. 실내는 크게 술렁거렸다. 긴장감마저 돌았다. 개헌 논의 자체가 금지됐던 때였기 때문이다. 더구나 1백만 명 서명운동 얘기는 들어봤어도 1천만 명 서명운동은 금시초문이었다.

YS는 "1백만 명 가지고는 택도 없다. 그것 가지고는 군부독재가 눈도 깜짝 안 한다!"라며 밀어붙였다. 그날부터 야당 출입기자들은 최루가스를 마시며 노상 전투를 지켜봐야 했다. 1986년 2월 13일 개헌 서명식이 있은 다음 날 신민당사는 경찰들로 출입이 차단됐다. YS는 서소문 진흥빌딩에 있는 민주화추진협의회, 즉 '민추협' 사무실로 발길을 돌렸다. 그러나 민추협 건물도 이미 경찰로 막혀 있자, YS가 갑자기 길 위에 딱 버티고 섰다. 이른바 1인 시위를 벌인 것이다. 이날 진눈깨비도 날리고 날씨는 매서웠다.

YS를 연호하는 시민들은 늘어나고 시간은 흘렀다. "총재님 소변은 어떻게 합니까?"라는 누군가의 질문에, "걱정하지 마라. 깡통 들어갔다!"라는 소리가 들렸다. 그렇게 깡으로 5시간을 버티던 YS는 경찰차에 구겨 넣어진 채로 상도동으로 옮겨졌다.

해는 바뀌어 1987년, 직선제 개헌이 이루어지자 兩金은 바빠졌다. 두 사람은 몇 차례 대선후보단일화 협상을 시도했지만 성과는 없었다. 9월 29일에 이어 30일에도 남산 '외교구락부'에서 마지막 단일화 담판이 있었으나 결렬로 끝났다.

兩金은 이후 각자 정치의 길로 들어섰고, 야당 출입기자들은 더욱 바빠졌다. 그해 10월 17일, 부산 수영만 매립지에서 YS 대통령 후보 추대 대회가 열렸다. YS는 이날 행사를 앞두고 "부산 시민 열기가 굉장하다. 1백만 명이 모일 장소를 구해라!"며 다그쳤다. 행사 당직자가 기자실로 들어서며 "아니, 부산에서 1백만 명이 들어갈 곳도 없지만, 그 많은 사람이 어떻게 모인다는 말이냐?"라고 불만을 토로했다. 아무튼 국내 보도와는 달리 일부 외신에서는 1백만, 2백만 명까지 운집했다는 타전 소리가 들렸다.

세월이 많이 흘러 1993년부터 1998년까지 제 14대 대통령 임기를

1987.9.30. 兩金 후보단일화 최종협상 결렬 생방송하는 필자.

마치고도 10여 년이 지난 2012년 말, 옛 언론인들과의 송년 만찬에서, YS는 갑자기 눈을 감고 작은 목소리로 찬송가를 부르기 시작했다. 마치 치열하고 거칠었던 짐을 다 내려놓은 것처럼 보였다.

　언제인가 "잠시 살기 위해 영원히 죽는 길을 택하지 않겠다"라고 외치던 거산! "잠시 죽는 것 같지만 영원히 사는 길을 가겠다"라고 말하던 YS는 지금쯤은 그 길을 찾았는지 역사에 묻고 싶다.

2020. 12.

김대중 평민당 총재와의 독대

서형래 전 연합뉴스 기자

1988년 2월 어느 날 늦은 오후, 평민당 김대중 총재가 연합뉴스 정치부 기자로 평민당을 출입하던 필자를 부른다고 해 마치 횡재를 만난 듯 급히 총재실로 들어가 DJ와 독대를 했다. 처음에는 무덤덤한 표정으로 이런저런 얘기를 한참 하던 DJ는 얼마간 시간이 흐른 뒤에 "김영삼 총재를 한번 만나 봐야겠어"라고 지나가는 말투의 낮은 목소리로 말했다.

"예? 뭐요? 둘이 만나요?"

지금도 선명하게 기억한다. 버럭 소리를 지르며 덤벼들 듯 큰 소리로 마치 면박을 주는 것과 다름없었다. 기자가 취재만 하면 그만인데, 당시만 해도 정치권을 출입하는 기자들은 자기가 출입하는 정당을 비판하는 게 본업이지만 자기도 모르게 편을 드는 경우가 적지 않았기 때문이다. 그래서 DJ도 필자에게 '김영삼 총재를 만나도 괜찮을까?'라는 누구에게나 쉽게 말할 수 없는 얘기를 꺼내 여론을 살핀 것 같았다. 정치권과 언론에서 흔히 '흘린다'는 표현으로 정치인이 사전에 여론을 떠보는 방식이었을 것이다.

목소리가 컸고 말투도 무례하기까지 하자 DJ는 잠시 멈칫하더니

"허! 이 사람이~!"라면서 왜 그렇게 못마땅하게 생각하는지를 되묻는 듯했다. 이에 필자는 즉각 대들 듯이 "아니 한 사람도 보기 싫다는데 둘이 나와 활짝 웃으며 껴안고 TV에 나오고~!". 1987년 대선을 앞두고 야권후보단일화를 위한 兩金 협상에서 흔히 봤던 장면을 떠올리며 직격탄을 날린 것이다. 정치 9단 두 김 씨가 아무리 머리를 짜내 얘기해 봐야 '협력', '민주화', '투쟁' 등 식상한 소리뿐일 텐데 국민은 이를 보기 싫어한다고 말하자, 김 총재는 "아니 그렇게나?"라면서 원망과 걱정이 뒤섞인 반응을 보였다.

1988년 2월. 이 해는 88서울올림픽의 해였으나 바로 전 해 1987년 12월 대선에서 야권의 두 김 씨가 후보단일화에 실패하면서 '1노(盧) 3김(金)'의 4자 대결에서 노태우 후보가 당선되어 취임을 앞둔 시기였다. 물론 兩金은 대선 패배의 책임을 지고 명목상으로는 '2선 후퇴' 했으나, 민주화운동 세력은 절망과 좌절을 곱씹고 있었다. 그 결과 같은 해 4월 26일 제13대 총선을 앞두고 兩金에 대한 국민의 분노와 증오가 극에 달한 상태였지만, 두 사람은 두 달밖에 남지 않은 총선을 앞두고 하루라도 빨리 전통적인 야당 지지세를 끌어 모아 정치적 입지를 마련하는 일에 골몰하고 있었다. 그러기 위해 이들 두 사람은 회동 전에 여론의 동향을 두드려 보기 시작한 것으로 보인다.

이로부터 열흘쯤 지난 뒤 YS가 느닷없이 지리산 등반을 간다는 소식이 전해졌다. YS는 '민주산악회'라는 사조직을 거느렸고 등산을 통해 건강과 대권 의지를 과시해 왔다. 1987년 대선에서 패배한 후 함께

'무기력'에 빠져 있던 상도동 출입기자들은 모처럼 '활기'를 되찾아 YS를 따라 지리산 천왕봉에 올랐다. YS가 엄동설한에 기자들을 끌고 눈 덮인 지리산을 등반한 '그림'이 TV를 통해 생생하게 전해지자, 두 김 씨는 금방 부활한 듯 정치 일선에 나서며 사력을 다해 다시 경쟁했다.

1988년 4월 제13대 총선에서 '소선거구제'를 관철한 DJ 평민당이 YS 통일민주당보다 많은 의석을 확보함으로써, 여소야대 정국에서 평민당이 제2당, 즉 제1야당으로 부상했다. 반면 제3당의 굴욕을 견디지 못한 YS는 자신의 대선 구호였던 '군정 종식'의 대상인 노태우 대통령과 이른바 3당 합당을 결행한 끝에, 1992년 제14대 대통령 선거에서 DJ보다 먼저 대통령에 당선되었다.

YS에 패배한 DJ는 정계 은퇴를 선언하고 출국해 오랜 세월 외국에서 떠돌며 집권 구상을 다듬은 끝에, 1997년 IMF 외환위기 속에서 DJP 연합을 통해 제15대 대통령 선거에서 당선됐다.

필자는 DJ와 이런 인연으로 1998년 6월부터 약 4년 동안 김대중 대통령 비서실 정무비서관으로 일했다. DJ가 취임 4개월 만에 미국 워싱턴을 방문해 클린턴 대통령과 회담했을 때의 기억이 생생하다. 미국 클린턴 민주당 대통령은 평생을 민주화에 헌신한 노구의 김대중 대통령을 융숭하게 대접했고, DJ 대통령도 마음껏 외교활동을 펼쳤다. 취임 초기의 상승하는 지지도에다 외교성과 덕에 대통령의 인기는 매우 높았다.

인간은 누구나 훌륭한 장점과 함께 숨길 수 없는 단점이 있게 마련

1988.1.1. 김대중 평민당 총재에게 술잔을 받는 필자.

이다. DJ에게는 '잘난 체'하는 단점이 있다. 겸손이 부족하거나 자랑을 일삼는 것은 아니지만, 가만히 있으면 더욱 좋을 것을 잘난 체해서 '까먹는' 경우가 적지 않았다.

대통령 취임 후 펼친 첫 번째 미국 방문 성과는 그냥 놔두면 대성공이고 더 손대면 마이너스가 될 것으로 보여, 당시 정무수석실에서 대통령에게 이에 관해 건의하는 보고서를 올렸다. '귀국 보고나 회견 등에서 외교성과를 자랑하지 마라. 모든 공을 국민 성원에 돌려라'라는 것이 보고서의 요지였다. 이러한 보고를 받은 김대중 대통령은 자신을 수행하던 수석들에게 이를 공개하며 "이런 건의나 보고를 계속해 달라"라고 말했다는 전언(傳言)에 비서관으로서 보람을 느꼈다.

2020. 10.

DJ의 웃음

박정찬 연합뉴스 12대 사장

연합뉴스 정치부 기자로서 '3金 시대'를 경험한 것은 필자가 올챙이 기자에서 중견 기자로 변신하는 과정이었다. 세 사람의 정치 지도자는 삼국지의 주인공들처럼 각기 다른 개성과 체취를 진하게 느끼게 해주었다.

DJ를 취재한 것은 1987년 '1盧 3金' 대선 기간과 1995년 시작된 '국민회의 시대' 두 차례였다. 처음에는 올챙이 기자, 두 번째는 야당 반장 때였는데, 개인적으로는 늘 긴장된 나날이었다. 취재원과 기자의 관계는 본질적으로 직업적 관계이고, 저널리스트에게는 독립성이 철칙이라고 하지만, 지역성이 큰 변수인 우리 실정에서 영남 출신 기자는 솔직히 호남 정치 지도자가 늘 편안하지는 않았다.

요즘 기자들은 상상하기 어렵겠지만, 당시 정치부 기자들은 매일 이른 아침 3金의 자택으로 모여 식사를 같이하며 취재거리를 챙겼고, 정치 지도자들은 정치 현안과 관련된 화두를 던져 반응을 살피고, 기사화되면 여론의 동향을 추적했다. 그런 가운데 평소 근엄하고 진지한 표정이었던 DJ의 인간적인 속살을 본 것은 필자에게 깊은 인상으로 남아 있다.

1987년 대통령 선거를 앞두고 YS와의 야당 후보단일화에 실패하고 각자 노선을 가고 있을 때였다. 간단한 아침식사를 앞두고 출입기자들과 만난 DJ는 YS의 무슨 발언에 화가 나 열을 올려 비난하고 있었다. 두 사람이 상대방을 비난할 때 기자들은 대개 예의를 지키면서도 그 비난의 논리성을 따지며 코멘트를 하는 경우가 많았다.

필자는 그날 평소 생각해 온 두 라이벌 관계를 염두에 두고, "총재님은 김영삼 총재를 비난하시지만, 김 총재가 없어지는 게 좋겠습니까?"라고 물었다. 이에 DJ는 무슨 뚱딴지같은 얘기인가 하는 표정으로 필자를 바라봤다. 출입기자단 가운데 누군가 비판적 질문을 해야 한다는 일종의 '강박관념'을 갖고 있던 필자는 "연말 가수왕 대결에서 이기기 위해 양측은 상대방을 비난하지만, 남진이나 나훈아가 사라지면 두 사람 시대는 끝납니다. 그 자리에 통기타 맨 새로운 가수들이 등장하겠지요!"라고 말했다. 그러자 DJ는 잠시 말뜻을 파악하는 것 같더니 파안대소(破顔大笑) 하는 것이 아닌가. 그렇게 크게 웃는 모습은 처음이었다. 필자를 물끄러미 바라봤으나 그에 대해 특별히 더 언급했던 기억은 없다.

'40대 기수론'을 들고 나와 한 시대를 풍미하고 대통령에 차례로 올랐던 兩金은 이심전심(以心傳心) 과 염화시중(拈華示衆) 의 미소로 정치판을 읽었을 것으로 본다. 대답하지는 않았지만 '침묵은 동의'라는 오랜 속담이 맞는 상황이었다. 무엇보다 김영삼 대통령이 먼저 문민정부를 열고, 그 뒤를 김대중 대통령이 국민의 정부로 이어받는 정치

1995.12. 새정치국민회의 송년회에서 기자단 대표로 인사말 하는 필자(DJ 왼쪽).

상황을 복기해 보면 그 과정에서 두 사람 사이에는 민주화 동지로서의 연대와 인연이 작동한 것으로 짐작할 수 있다. 양측 참모진의 증언을 듣더라도 '사랑과 미움의 세월' 속에 우여곡절은 많았겠지만, 큰 흐름에서는 긍정적인 관계였음을 알 수 있다.

DJ의 파안대소를 본 적이 한 번 더 있다. DJ가 영국에서 돌아와 정계 복귀를 선언하면서 야당 총재로서 당을 하나하나 장악하고 1996년 제15대 총선을 준비하던 때였다. 당시 박지원 대변인이 야당 반장인 필자와 총재 간 이른바 '독대' 오찬을 주선했다. 총재가 아끼는 '벙커기자'는 아니었지만 '독대'는 야당 반장으로서 소중한 기회였다.

두 사람만 만나면 정치 현안에 관한 속마음을 듣고 싶었고, 나름의 '민원'도 있었기 때문이다. 당시 총재와 기자실 사이에서 열심히 뛰치

다꺼리하던 설훈 보좌관이 16대 국회 진출을 앞두고, 서울 도봉구 갑, 을 지역구 가운데 유리한 쪽에 공천을 받고 싶어 했다. 상대는 고 김근태 의원이었지만, 나이는 필자와 동갑이면서 대학 1년 후배인 설 보좌관을 돕고 싶었다.

식사가 시작되고 DJ가 이것저것 먹어보라고 자상하게 대접했으나, 음식은 안중에 없었다. 게다가 본격적인 정치 얘기가 나오자, DJ는 자신과 정치 행보를 함께해 왔던 조순 서울시장의 태도 변화에 불같이 화를 내며, '배신'이라는 단어까지 언급했다. 조금 시간이 지나자 DJ는 포항(필자의 고향)에서의 국민회의와 자신에 대한 지지도를 비롯해 포항제철 외지 근로자들의 규모와 정치적 성향 등을 상당히 오랫동안 자세히 물었다. 당시에는 그 의도를 몰랐던 필자는 시간이 자꾸 흘러가는데, 마음속의 '민원'을 꺼내지 못하고 자리가 끝날 것 같아 조바심이 났다.

기회를 엿보던 필자는 "설훈 보좌관이 정말 총재를 위해 정성을 바치고 있다. 특히 영남 출신으로 호남 총재를 위해 저렇게 애쓰고 있는데, 만약 원하는 지역구에 공천을 못 받으면 영남사람들은 '배신'이라고 생각할 것이다!"라고 말하지 않을 수 없었다. 그 순간 DJ가 표정을 바꿔 큰 소리로 웃으며, "지금 나를 협박하는 거요?"라고 되받았다. 대답하지 못하고 있는 필자에게 DJ는 "설훈 보좌관은 내 아들 같은 동지요. 내가 알아서 할 테니 걱정하지 않아도 돼요!"라고 말을 이어갔다. 동교동 총재 집을 나서면서 민원처리를 너무 조악한 논리로 전개한 필자 자신이 초라하게 느껴졌다. 그 후 설훈 의원에게 희망했던 지역구를 받지는 못했지만, 총재가 구체적으로 당선을 위해 무언가 해 주었다는 설명을 들은 적이 있다.

DJ는 매사에 치밀한 준비와 논리로, 절대적으로 불리한 상황과 구도를 '뒤집기'로 돌파하며 정상에 오른 지도자다. 영국의 역사가 토마스 칼라일(Thomas Carlyle)은 영웅의 3대 조건으로 성실, 용기, 통찰력을 꼽았다. DJ가 술수와 거짓이 난무하고 상대가 있는 정치 현장에서 '성실'이라는 덕목만을 보였다고 말하기는 어렵지만, 성실하게 자신을 채찍질하며 살아왔다고 생각한다. 민주화 과정에서 겪은 고초를 극복하고, IMF 외환위기에서 불굴의 용기를 내보였다. 정치는 물론이고 경제·사회와 문화에 이르기까지 전문가를 능가하는 폭넓은 지식과 통찰력의 소유자였다. 김대중이라는 독보적인 존재가 없었다면 우리 현대사에서 '3金 시대'가 이토록 오랫동안 애깃거리로 남을 수 없었을 것이다.

2020.12.

풍운아 김종필

김충일 〈경향신문〉 기자

김종필이란 이름보다 영문 약칭 'JP'로 더 많이 불린 운정(雲庭) 김종
필, 그를 처음 만난 것은 10·26 사태 뒤 1979년 12월 그가 공화당 총
재에 오른 때였다. 그의 이름을 기억하게 된 것은 그가 1963년 공화
당 창당을 하루 앞두고 외유를 떠났다가 귀국했던 때였다. 국민(초등)
학교에 다니던 필자는 공화당 창당 전당대회 전날 "유명한 목수는 자
기가 살려고 집을 짓지 않는다!"라는 유명한 소회를 밝히고, '자의 반
타의 반' 외유를 떠났던 그의 귀국 소식이 비행기 트랩에서 내리는 모
습과 함께 대대적으로 실린 기사를 보았다. 신문 제목들은 하나같이
'풍운아 JP 귀국!'이었다. 그 '풍운아'란 단어가 어린 꼬마의 가슴을
얼마나 흔들었던지!

그를 30여 년 취재하면서 가장 인상적이었던 두 장면이 떠오른다.
첫 장면은 1980년 '서울의 봄'이 무참히 파괴됐을 때다. 5월 17일 토
요일 JP는 최광수 당시 대통령 비서실장의 기별을 하루 내내 기다렸
다. 전날 사우디아라비아에서 귀국한 최규하 대통령과의 면담이 예정
되어 있었기 때문이다. 서울역과 시청 앞은 '계엄 해제', '전두환 처

벌', '신현확 퇴진' 등을 외치는 대학생들의 시위가 절정을 이뤘고, 급기야 정체불명의 운전사가 몬 시내버스가 남산 쪽에서 숭례문 쪽 시위대로 돌진해 사상자가 발생하는 유혈 사태까지 일어났다.

JP는 토요일이라 대부분 기자가 귀사한 공화당 4층 기자실에 들러서 〈서울신문〉 이 모 기자와 바둑을 두며 기다렸다. 검은 선글라스를 쓰고 있어 바둑판 속의 그의 눈은 보이지 않았지만 침통한 표정으로 가끔 체념한 듯 입술에 경련이 일었다. 오후 3시가 넘도록 최규하 대통령의 답변이 없자, 그는 직접 토요타 크라운 승용차의 운전대를 잡고 수행비서와 경호원도 없이 홀로 아무 말 없이 쓸쓸히 당사를 떠났다. 처연하기까지 한 모습이었다.

그리고 5시간 후 밤 8시경, 비상계엄령의 전국 확대 발표 전부터 집을 포위하고 있던 보안사 요원들에 의해 JP는 부정축재 혐의로 서빙고 보안사 분실로 잡혀갔다.

두 번째 장면은 1987년 6월 29일 직선제 개헌과 김영삼, 김대중 사면 등 6·29 조치를 취하자, 미국 서부지역에서 잠행하던 JP도 정치활동 재개를 결심하고 귀국했을 때였다. 그러나 1985년 2·12 총선을 계기로 사실상 정계복귀 세력을 결집해 오던 YS, DJ 兩金과 달리 숨죽이고 있던 JP는 기댈 곳이 마땅치 않았다. 구 공화당 세력의 대부분은 민정당으로 흡수되었거나 YS나 DJ에 빨려 들어갔고, 남은 인사는 육사 8기생 등 혁명 동지들과 충청도의 정치 지망생들뿐이었다. JP는 박정희 대통령의 사위인 한병기 전 캐나다 대사와 수행비서 2~

3명과 함께 충남 연기군 조치원을 시작으로 충청지방 순회에 들어갔다. 곳곳에 숨죽이고 있던 JP 지지자들이 모여들었다. 당시 첫 지방 강연에는 필자가 유일한 취재기자였을 정도로 JP는 정치판에서 잊힌 존재였다. 천안을 거쳐 충주, 청주를 지나 귀경하던 그는 망향의 동산 휴게소에서 필자를 자기 차에 태웠다. 귀국 후 첫 단독 인터뷰를 하게 된 것이다.

첫 지방 나들이에서 자신감을 얻은 표정이 역력했다. 청구동 자택에 도착하기까지 한 시간 반 동안 그는 쉬지 않고 격정적으로 자신의 심경을 토로했다. 그는 5·16 군사쿠데타 당시, 출정을 앞둔 심정을 회고한 뒤 "이제 다시 신발 끈을 동여매고 뛰겠다. 후퇴는 없다!"라면서 "죽으면 화장해서 유골의 절반은 부모님 묘소 발치에, 나머지 반은 헬기로 전국 산하에 뿌려 달라고 집사람한테 유언해 놨다!"라고 특유의 쉰 목소리로 고함치듯 절규했다.

JP의 정치관은 '비리법권천'(非理法權天) 이었고 삶의 태도는 '상선약수'(上善若水) 라고 자주 말했다. 무리하게 권력을 탐하지 않고 물처럼 흘러가며 산다는 얘기다.

JP는 DJ, YS가 차례로 세상을 떠날 때마다, '정치는 허업(虛業)'이라고 조의를 표시했다. 그는 군사쿠데타로 권력을 잡고도 부정축재자로 몰려 보안사에 50일 가까이 구금되었다가 미국으로 사실상 망명했었다. 1987년 신민주공화당을 창당해 정계에 복귀한 후 정적이던 YS

1991년 JP가 민주자유당 최고위원이던 시절 필자에게 써준 '비리법권천' 휘호.

와 3당 합당, DJ와 DJP 연합을 통해 50년 가까이 3金 시대를 풍미했
던 '풍운아' 그대로 생을 마쳤다.

　30대 때 목숨을 건 '군사쿠데타의 주역'에서 '영원한 2인자'라는 별
명을 들을 정도로 막강한 권력자로 한국정치사에 등장했다가 50년 가
까이 끈질긴 생명력을 보여주었고, 3金 세 사람 중 92세까지 가장 오
래 살았다. JP는 때로 자기 절제와 인내심의 화신 같아 보이기도 했
고, 제 분수를 지키며 만족할 줄 아는 '안분지족'(安分知足)의 현인처
럼 보이기도 했다.

　1991년 민주자유당 최고위원이었던 JP는 YS와의 내각제 합의각서
누출 파동으로 크게 실망하면서 필자에게 '비리법권천'(非理法權天)
이라는 휘호를 직접 써주었다. "비(非)는 이치(理致)를 이길 수 없고,
이치는 법(法)을 이길 수 없으며, 법은 권력(權力)을 이길 수 없고,
권력은 천(天), 즉 민심(民心)을 이길 수 없다"라는 엄한 가르침을 뜻
하는데, 아마도 내각제 개헌 합의가 무산될 것을 우려하는 뜻으로 풀
이된다.

2020. 11.

3金을 추모하며

KBS 19대 사장 임기 3년을 마친 2012년 11월, 사장 접견실에 걸었던 3金의 휘호를 내리던 중 앞서 기술한 YS 측과 DJ 이희호 여사에게 전달했던 취재자료의 역사적 가치를 언론인의 기록으로 남겨야 하지 않겠느냐는 생각이 들었다. 그때부터 3金을 주제로 한 저서를 출간하고 싶었으나, 이런 의중을 눈치 챈 아내는 가급적 정치 관련 서적을 쓰지 않았으면 좋겠다고 만류했다. 그래도 꼭 집필하려거든 3金 모두가 타계한 후 출간해야 한다고 강력히 주장하기에 집필을 늦추기로 했다.

2009년 DJ에 이어 2015년 YS, 2018년 JP가 타계하면서 3金 모두가 고인이 되고 당시 재직 중이던 경기대 총장실에 걸린 3金의 휘호를 매일 보면서 3金에 대한 집필을 시작하기로 결심했다. 다만 공동 집필자로 함께하기로 했던 백화종 전 〈국민일보〉 부사장이 2015년에 타계했으니 혼자서 집필해야 한다는 부담이 컸다.

다행스럽게도 3金을 취재했던 당시 언론인들의 모임인 '디지털 저널리즘 연구소' 회원들이 돕겠다 약속해 주어 힘을 얻었다. 2019년부터 오래된 낡은 취재수첩들을 뒤적이며 틈틈이 집필을 시작한 지 2년이 지났다. 특히 2020년 7월 관훈클럽정신영기금에서 출판지원금까지 받게 되자 집필에 가속도가 붙었다.

2년 넘게 3金에 관해 집필하면서 3金이 지닌 개성 가운데 후세가 본받을 만한 점은 무엇이며, 과연 이 가운데 무엇을 본받고 있는지 여러 번 자문자답(自問自答)하기도 했다.

우선 '부지런한 승부사' YS에게는 부지런함을 배웠다. 그와 몇 차례 만남을 가진 뒤부터 약속 시간에는 가급적 10분 이상 일찍 약속 장소에 도착하는 습관이 생겼다. 약속 상대보다 여유 있게 약속 장소에 도착하다 보니 그와의 대화에서 필요한 자료를 미리 챙겨 볼 수 있는 등 여러 가지 이점도 많다는 사실을 새삼 깨달았다.

'꼼꼼한 집념의 정치인' DJ에게는 무슨 일이든 최선을 다해야 한다는 교훈을 얻었다. 그와 만나기 전부터 기자(記者)로서 수첩에 기록을 남기는 습관은 있었지만, 목표를 위해 열과 성을 다하는 집념(執念)을 배웠다. 1997년 12월 DJ가 수많은 우여곡절 끝에 제 15대 대통령으로 당선되는 과정을 지켜보면서 DJ 열정의 가치를 다시 한 번 깨달았다. 진인사대천명(盡人事待天命)의 자세로 어떠한 어려움이 닥치더라도 열과 성을 다한 뒤에 하늘의 뜻을 기다린다는 마음가짐이 뿌리내렸다.

'감성적 협상가' JP에게는 협상의 소중함을 배웠다. 비록 그의 미술과 음악 등 타고난 예술적 소질은 따라갈 수 없지만, 그의 협상력에서 다양성을 인정하는 덕목을 깨달았다. 1990년 3당 합당으로 1992년 YS가 제14대 대통령에, 1997년 'DJP 연합'으로 DJ가 제15대 대통령에 당선되는 데 결정적 역할을 했다. 그럼에도 불구하고 그의 오랜 숙원 '내각제 개헌'은 끝내 이루지 못했지만, 우리나라에 군부독재를 청산하고 민주화 시대를 여는 데 결정적 역할을 한 것이다.

10남매의 막내인 저자는 어려서부터 다양성의 중요성을 깨닫지 않을 수 없었다. 같은 부모 밑에서 태어난 형님 네 분과 누님 다섯 분도 성품이 제각각 다른데 남이야 오죽하겠느냐는 교훈을 체득했다. 그 덕분에, 저자는 40년 방송인과 4년 대학 총장으로 일하면서 저마다 다른 구성원의 의견을 비교적 폭넓게 수용하고자 노력했다. 아마 7남매의 5남으로 태어났기에 JP도 과거 민주화 세력의 목소리에 귀를 기울이며 협상가로서 큰 역할을 한 것이 아닐지.

한국의 현대정치사를 주도한 세 사람이 치열하게 경쟁했던 3金 시대는 막을 내렸지만, 아직도 생생하게 기억하는 3金과 관련된 몇 가지 장면은 기록해 둘 가치가 있다.

1998년 1월, 임기가 30여 일 남았던 김영삼 제14대 대통령이 언론사 국장들을 청와대로 초청했다. 1월 16일 금요일 저녁 6시 30분, 신문사 편집국장과 방송사 보도국장 등 10여 명과의 만찬 자리에서 YS 대통령은 식사를 시작하기 전에 "왜 내가 그동안 청와대에서 손님들에게 줄곧 칼국수로 대접해 왔는지 후회하고 있다. 오늘은 언론사 국장들에게 칼국수가 아니라 진수성찬을 대접하는 것이니 만찬을 즐겨달라"고 말했다. 으레 칼국수려니 생각하고 청와대 만찬에 참석한 저자와 언론사 국장들은 잠시 놀랍기도 했지만, 임기를 마치며 칼국수 대접을 후회한다는 YS의 한마디가 더욱 놀라웠다.

이로부터 7년이 지난 2005년 3월 22일 저녁, 종로 2가에 있는 '늘만나'라는 식당에서 과거 정치부장들의 친목 모임 '삼화회'(三火會) 회원 12명이 YS를 초청해 대통령 재임시절을 화제로 삼아 2시간이 넘도록 환담했다. 특히 YS는 대통령으로서 1994년 김일성과의 정상회담이 무산된 것이 가장 아쉬웠다면서 남북정상회담 합의가 이뤄지게 된 비사(祕史)를 공개했다.

미국 카터 전 대통령이 북한 방문에 앞서 한국에 왔다가 오찬을 함께했는데, 그 자리에서 갑자기 '북한에서 김일성과 만날 때, 김일성이 남북정상회담을 제의하면 받을 용의가 있느냐'고 물었다. 그래서 별로 손해볼 것 없을 것 같아 용의가 있다고 말했더니 북한 방문 결과를 갖고 다시 들르겠다며 북한으로 떠났다.

북한 방문을 마치고 돌아온 카터는 두 번째 청와대 오찬 자리에서 "김일성을 만나 지금 북한 핵 문제를 둘러싼 미국과의 긴장 관계를 풀어줄 사람은 한국의 김영삼 대통령밖에 없다며 남북정상회담의 필요성을 강조하자, 김일성이 선뜻 남북정상회담을 제의하더라"라고 밝혔다. 그래서 즉시 대변인을 불러 남북정상회담 합의를 발표하게 된 거다.

그런데 발표 2주일 만에 김일성이 갑자기 사망해 아쉽게도 남북정상회담이 무산됐다. 후에 남으로 망명한 황장엽 씨에게 들었는데, 김일성이 남북정상회담을 합의해 놓고 무척 고민했다고 하더라. 어떤 날에는 하루에도 두 차례나 당 서기 회의를 소집해서 남북정상회담 때 어떻게 얘기해야 하는지를 놓고 장시간 논의했다고 증언했다. 아마도 고령인 나이에 이 문제를 놓고 너무 고민한 것이 급사 원인의 하나가 될 수도 있을 것으로 보인다.

1987년 10월 27일, 국민적 여망이었던 대통령직선제를 골자로 한 9차 헌법개정안이 국민투표에 부쳐졌다. 6월 항쟁으로 노태우 민정당 대표의 6·29 선언을 이끌어낸 결과였다. 이날 'DJ 연표'에서 DJ는 "헌법개정안 국민투표를 위해 오전 9시 45분 동교동 아동회관에 마련된 투표소에서 투표하려 했지만 주민등록증 미소지로 실랑이를 벌이다, 귀가 후 집 안에서 주민등록증을 발견하여, 오전 10시 35분쯤 다시 투표소로 가서 투표를 하다"라고 상세하게 기록을 남겼다.

그러나 DJ가 주민등록증도 없이 투표소에 간 것도 큰 실수였지만, 이를 문제 삼아 주민증을 가져와야 한다는 투표소 관리책임자에게 DJ 수행비서가 실랑이 끝에 물리력을 행사하는 잘못을 저질렀다. 그런데 마침 이 상황을 KBS 영상취재팀이 촬영했고, 낮 12시 KBS 뉴스에 이 장면이 그대로 방송되었다. 지금으로 말하자면 '갑질'에 해당하는 볼썽사나운 장면이 보도되자, DJ는 즉각 자신의 비서실장을 저자에게 보내 수행비서의 물리력 행사를 정중히 사과하면서, 이 문제의 영상이 더 이상 방송되지 않도록 도와 달라고 간절하게 부탁했다.

선거 방송팀장을 맡았던 저자는 보도국 간부들과 협의를 거쳐 이 문제의 영상을 더 이상 보도하지는 않았지만, 그렇게 꼼꼼한 성격의 DJ가 어쩌다 주민등록증을 챙기지 않고 투표소로 가는 실수를 했는지 아직도 이해가 가지 않는다.

이로부터 23년이 지난 2010년 8월 18일 오전 10시, 현충원에서 DJ 서거 1주기 추도식이 열렸다. KBS 사장 자격으로 초청받은 저자가 추도식장에 도착해 이희호 여사 등과 인사를 나누자, 상당수의 추도객이 KBS 사장의 등장을 이상한 눈으로 보는 것 같았다. 조순용 전 정무수석의 사회로 진행된 추도식에서는 고인의 육성을 영상과 함께 듣고, 이희호 여사가 주도적으로 출간한 《김대중 자서전》을 헌정한 뒤, 유족대표로 차남 김홍업이 인사말을 하며 마무리되었다.

한때 고인을 가까이에서 취재했던 저자로서는 주위의 일부 낯선 시선은 아랑곳하지 않은 채 고인을 추도할 수 있었다.

2011년 2월 22일 저녁 6시 30분, JP가 당시 KBS 사장이었던 저자를 비롯한 KBS 임원 9명을 신라호텔 뷔페로 초청했다. 청구동으로 새해 인사를 가겠다는 저자의 제의에 JP가 마련한 자리였다.

이 자리에서 JP는 그의 장기(長技)인 입담을 발휘하며 이야기보따리를 풀었다. 우선 KBS TV 개국에 당시 황태성 남파간첩의 공작금이 결정적 밑천이 되었으며, 이는 자신의 아이디어인 만큼 KBS는 자신에게 빚을 갚아야 한다는 논리를 되풀이했다.

이런 얘기를 처음으로 들어본 KBS 본부장들이 놀라움을 감추지 못하자, 신이 난 JP는 '팬텀(Phantom) 전투기 공짜 인수' 등 몇 가지 재미있는 얘깃거리를 공개했다. 특히 독일로 파견된 광부와 얽힌 간호사의 얘기가 압권이었다. 1963년부터 일자리를 찾아 광부와 간호사가 대거 서독으로 향하는 바람이 불었을 때 JP 자신이 결정적 역할을 했다고 말문을 열었다.

그때 독일로 갔던 간호사 한 분이 계약기간을 마치고 캐나다 병원으로 직장을 옮겨 남들이 꺼리는 '노인 돌보기'를 도맡아서 한 노인을 정성껏 보살폈다고 했다. 그랬더니 그 노인이 사망하면서 어마어마한 유산을 이 간호사에게 상속했고, 이 돈으로 간호사는 훗날 고국에 살고 있던 많은 친척을 캐나다로 불러들여 현재 캐나다에서 대가(大家)를 이루며 잘살고 있다는 것이다. 물론 JP 자신도 언젠가 캐나다를 방문했을 때 이제 할머니가 다 된 그녀를 만났는데 고맙다는 감사 인사와 함께 따뜻한 환대를 받았다고 말했다.

이날 저녁 JP의 파독(派獨) 간호사 얘기에 감명을 받은 KBS 임원 모두 한결같이 시간이 너무 빠르게 지나간 것 같다며 헤어짐을 아쉬

위했다.

　이로부터 7년이 지난 2018년 6월 23일 JP가 향년 92세로 서거했을 때 저자는 남다른 아쉬움을 느꼈다. 다름 아니라 이로부터 보름 전 경기대 총장으로 부임한 이후 처음으로 오찬을 대접하려고 JP가 좋아하는 압구정동에 있는 전통의 불고기 음식점 '한일관'으로 그를 초청했었다. 며칠 뒤 당시 김상윤 특보가 전화로 JP가 워커힐호텔에 있는 '명월관' 냉면과 갈비를 드시고 싶다며 장소를 옮기면 좋겠다는 뜻을 전해 와 즉각 장소 예약까지 마쳤다. 그런데 약속 하루 전, JP가 감기로 병원에 입원했으니 퇴원 후로 약속을 연기하자는 김 특보의 전화를 받았고, 끝내 JP와의 마지막 오찬은 무산되고 말았다.

　2018년 6월 25일 오후 5시, 서울 아산병원 장례식에서 빈소에 마련된 영정을 통해 JP의 얼굴을 마주했다. 빙그레 웃는 그의 미소에서 '정치란 허업(虛業)'이라는 의미를 깨달을 수 있었다.

　국어대사전은 영웅(英雄)이란 '지혜와 재능이 뛰어나고 용맹하여 보통 사람이 하기 어려운 일을 해내는 사람'으로 풀이하고 있다. 위인(偉人)이란 '뛰어나고 훌륭한 사람', 한마디로 위대한 사람, 영어로 great man을 뜻한다. 그런데 영웅이나 위인 만들기에 인색한 것이 한국인의 특징 중 하나다.

　그래서 5천 년 역사에 영웅이나 위인으로 불리는 사람은 한글을 창제한 세종대왕과 임진왜란에서 나라를 위해 목숨을 바친 이순신 장군에 불과하지 않은가?

선진국에서는 과거에는 물론 요즘에도 영웅이나 위인을 만들기 위해 노력하고 있다. 특히 미국의 경우 미국 서부 사우스다코타주 러시모어산에는 4명의 대통령이 거대한 조각으로 새겨져 있다. 건국의 아버지로 불리는 워싱턴 초대 대통령, 미국 독립선언서 작성자이자 서부 개척의 영웅 제퍼슨 제3, 4대 대통령, 노예를 해방하고 분열된 미국을 통합한 제16대 링컨 대통령, 미국을 세계적 지도국가로 만든 제32대 루스벨트 대통령이다.

미국에서 특파원 생활을 마치고 귀국하기 전 1994년 여름, 온 가족과 함께 미국 여행을 하면서 두 아들에게 이곳을 꼭 보여주고 싶을 정

1994.06. 미국 '사우스다코타'(South Dakota)주 '러시모어'(Rushmore)산 '위대한 대통령 두상(頭像)' 앞에서.

도로 4명의 대통령 조각상이 부러웠다.

　3金은 영웅까지는 아니더라도 위인으로 불릴 만하다고 생각한다. 좀더 구체적으로 표현하자면 '위대한 정치인'이라고 명명하고 싶다. 우리 사회에 각 분야에서 위인을 찾아내 정확하게 평가하는 것이 언론인의 사명 중 일부라고 생각한다. 예를 들자면 우리나라가 오늘의 경제 대국(大國)으로 성장했는데도, 경제 분야에서 위인이라고 국민 대다수가 추앙하는 인물이 없다. 비록 고인이 되었지만, 세계적 기업 삼성그룹의 창업주 이병철 회장은 노조 탄압을 이유로, 갖가지 신화를 만든 정주영 현대그룹 회장은 대통령 선거에 출마했다는 이유 등으로, '위대한 경제인'이나 '경제계 위인'이라는 호칭 부여에 난색을 표하는 사람들이 적지 않다.

　이처럼 우리가 위인 만들기에 인색한 경향은 모든 사물을 흑(黑)이 아니면 백(白)으로 생각하는 이분법적(二分法的) 사고와 함께, 자신이 속한 조직의 이념은 무조건 옳고 다른 조직의 이념은 무조건 배척하는 이른바 진영논리(陣營論理)가 우리 사회에 만연되었기 때문이라고 생각한다.

　21세기 우리나라의 선진국 진입을 저해하는 가장 심각한 사회적 병리 현상을 한 가지만 꼽으라면 망설임 없이 '편(便) 가르기'라고 답하고 싶다. 40년 가까이 언론인으로서 우리 사회 곳곳에 깊숙이 뿌리내리고 있는 '우리 편'과 '상대편'이라는 단순한 이분법 논리가 우리나라를 얼마나 멍들게 했는지 줄곧 목격했기 때문이다.

258

해방 이후 뜻하지 않게 한반도가 남북으로 갈려 이북에서 남쪽으로 내려온 사람들을 '38 따라지'라고 부르면서 남한 내에서도 '이북 사람'과 '이남 사람'으로 가르고, 여기에다 언제부터인가 '영남 사람'과 '호남 사람'으로 영, 호남이 갈렸다. 영남 사람은 다시 'TK'니 'PK'이니 하며 경상북도와 경상남도로 나뉘었고, 이번에는 충청도니 강원도니 중부권 사람이라는 등 조그마한 구실을 만들어 온 국토를 갈기갈기 찢어 지연(地緣)을 바탕으로 편을 갈라 왔다.

지연뿐 아니다. '김해(金海) 김(金) 씨'니 '전주(全州) 이(李) 씨'니 하며 종친회를 중심으로 혈연(血緣)에 따른 '편 가르기'를 서슴지 않았고, 여기다 학연(學緣)으로 끼리끼리 뭉쳐 또다시 편(便)을 갈랐다. 이처럼 지연과 혈연, 학연으로 뭉친 수많은 집단이나 단체의 유대감은 단순한 친목 차원을 넘어 인위적으로 온 국민을 '우리 편'이나 '상대편'으로 가르려고 하는 나쁜 방향으로 변질하기 시작했다. '우리 편'에 속하지 않은 사람이면 무조건 적(敵)으로 간주하고 마구 헐뜯으며 비방해 쓰러뜨려야 직성이 풀리는 망국병(亡國病)의 중증(重症) 환자들까지 곳곳에 생겨났다.

오랫동안 정치부 기자로 취재현장에서 보고 느낀 결과, 전국적으로 편 가르기가 심화한 데는 무엇보다 정치인들에게 그 일차적 책임을 묻지 않을 수 없다. 정치인들은 정권 창출이나 국회의원 당선을 위해서라면 서슴없이 편 가르기를 조장해 정략적으로 이용해 왔던 것이 사실이다. 그 대표적인 사례가 바로 '지역감정'이며, 이런 맥락에서 3

金 세 사람은 비난에서 벗어나기 어렵다.

특히 조선시대의 '패거리정치 문화'가 해방 이후에도 이어지면서 박정희 대통령을 중심으로 한 'TK' 세력을 비롯해, 3金 시대를 맞아 '상도동계', '동교동계', '청구동계'로 나뉘는 계보 정치로 굳어졌기 때문이다.

이러한 부정적 평가를 인정하면서도 저자는 시대가 영웅을 만드는 것이며, 우리 근현대사에서 3金 세 사람이 남긴 몇 가지 발자취를 볼 때 이들을 위대한 정치인으로 부르고 싶다.

부지런한 승부사 기질의 제14대 대통령 YS는 하나회 척결로 군사쿠데타의 뿌리를 뽑고, 전격적인 금융실명제 실시로 정경유착의 고리를 끊었다.

꼼꼼함과 성심성의를 다하는 집념의 제15대 대통령 DJ는 IMF 위기를 슬기롭게 극복하고, 한일 두 나라 사이의 긴장 관계 속에서도 일본 대중문화를 단계적으로 개방했으며, 역사적 남북정상회담으로 노벨평화상까지 수상한 업적만으로도 위대한 정치인이자 위인의 반열에 오르기 충분하다.

예술성이 풍부한 협상가 JP는 시대 흐름과 맞지 않아 제2인자에 머물렀지만 두 차례의 국무총리와 9선 국회의원 경력만으로도 위대한 정치인으로 평가되어야 하며, 감성적이며 협치의 리더가 요구되는 요즘이라면 더욱 그렇다.

3金 가운데 마지막으로 JP가 2018년 6월 23일 서거하자, 정치권에서 애도의 목소리가 높았는데 이 가운데 당시 집권 여당인 더불어민주당 박범계 수석대변인이 3金 시대의 종언을 고한 서면 브리핑이 눈길을 끌었다.

우리 역사에 큰 발자취를 남긴 김종필 전 국무총리의 별세를 국민과 함께 애도하며 삼가 고인의 명복을 빈다. 5·16 군사쿠데타, 한일 국교 정상화, 9선의 국회의원, 두 차례의 국무총리, 신군부에 의한 권력형 부정 축재자 낙인, 자민련 창당, 3金 시대 등 고인의 삶은 말 그대로 명암이 교차했다. 고인의 별세로 이제 공식적으로 3金 시대가 종언을 고한 셈이다. 고인의 정치 역경에 대한 진정한 평가는 살아가는 후대(後代)에 미루더라도 고인은 한국 현대사 그 자체로 기억될 것이다.

3金 추모를 마무리하면서, 이들 세 사람의 타고난 개성 가운데 부지런한 승부사 기질과 꼼꼼하면서 최선을 다하려는 집념, 감성이 풍부한 협상력 등은 우리나라의 미래를 이끌어나갈 정치인들이 본받을 만한 훌륭한 유산이자 대한민국의 자산이 될 것이라 확신한다.

3金의 일생

3金 모두가 우리나라 정치사에서 1960년대부터 2000년까지 적어도 40여
년 엄청난 영향을 미친 인물들이라 그들의 일생에서 기록할 만한 연표(年表)
만 해도 이루 헤아릴 수 없을 만큼 많다. 이 가운데 저널리즘 관점에서 유의
미한 연표를 부록으로 첨부하고자 한다.

김영삼 제14대 대통령의 경우 김영삼민주센터 홈페이지(www.kyscd.org)
에 공개된 연표 가운데 3金을 비교하는 데 참고할 만한 것들로 요약본을 마
련했다.

김대중 제15대 대통령은 2010년에 발간된《김대중 자서전》에 기록된 연표
가운데서 주요한 내용을 발췌했다.

김종필 9선 의원이자 제11, 31대 국무총리는 '풍운아'답게 정치경력이 화
려했으나 대통령 기념관과 같은 공식 기록관이 없어 위키피디아 등 각종 백
과사전의 기록을 종합해 연표를 만들었다.

김영삼 제14대 대통령 주요 연표

1927.12.20   경상남도 거제시 장목면 외포리 대계마을에서
               김홍조 · 박부련 부부의 1남 5녀 중 장남으로 출생.

1943   통영중학교 입학.

1945.11.   해방 직후 부산의 경남중학교 3학년으로 전학.

1947.9.   서울대 문리대 철학과 입학(1951. 9. 졸업).

1951.1.   장택상(張澤相) 국회부의장 비서관으로 정계
               입문.

1951.3.6.   마산 문창교회에서 이화여대생 손명순과 결혼
               (슬하에 2남 3녀를 둠).

1954.5.20.   제3대 총선. 거제에서 만 25세 최연소 국회의원
               당선(초선).

1960.7.29.   4 · 19 혁명 직후 제5대 총선에서 당선(재선).

1963.3.   박정희의 군정연장 반대 데모 참여.
               포고령 위반으로 서대문형무소에 수감.

1963.11.26.   제6대 총선. 부산 서구에서 당선(3선).

1967.2.7.   통합야당인 신민당(新民黨) 창당에 참여.
               5년간 야당 원내총무 5선.

1967.6.8.   제7대 총선. 부산 서구에서 당선(4선).
               부정선거에 항의해 174일간 원외투쟁을 진두지휘.

1969.6.20.   박정희 3선개헌 반대투쟁을 주도하던 중 피습,
               초산테러를 당함.

1969.11.8.	박정희에 맞설 야당의 대통령 후보 지명전에 출마 선언. '40대 기수론' 돌풍을 일으킴.
1970.9.29.	신민당 대통령 후보 지명전 출마. 2차 투표에서 김대중 후보에 역전패.
1971.5.25.	제 8대 총선. 부산 서구에서 당선(5선).
1972.10.17.	박정희의 '유신 선포' 소식에 주변의 만류를 물리치고 귀국, 가택연금.
1973.2.27.	제 9대 총선. 부산 서·동구에서 당선(6선).
1974.8.22.	신민당 전당대회에서 총재에 선출(최연소 야당 총재).
1975.5.21.	박정희 대통령과 영수회담, 민주화 강력 촉구.
1976.1.19.	긴급조치 9호 위반으로 불구속 기소.
1978.12.12.	제 10대 총선. 부산 서·동구에서 당선(7선). 10대 국회 최다선 의원.
1979.5.30.	선명야당을 기치로 신민당 전당대회에서 총재 복귀. "닭의 목을 비틀어도 새벽은 온다"는 명언을 남김.
1979.8.9.	YH 여성노동자 200여 명 신민당사 농성 시작.
1979.8.11.	무장경찰 1천여 명 신민당사 폭력 난입. YH 노동자 김경숙 양 사망.
1979.9.8.	법원, 박정희의 지시로 김영삼 총재의 '신민당 총재 직무정지 가처분' 결정.
1979.9.16.	〈뉴욕타임스〉와 회견. '박정희 독재정권에 대한 미국의 결단' 촉구.

1979.10.4.	사상 초유의 '김영삼 총재 국회의원직 제명안' 날치기 통과.
1979.10.16.	부마민주항쟁 발발, '독재타도', '제명철회' 시위 격화.
1979.10.26.	박정희, 궁정동 안가에서 심복인 김재규 중앙정보부장에게 피살됨. 유신 붕괴.
1980.5.17.	비상계엄 전국 확대. 김대중, 김종필 연행. 주변의 피신 권유 거절.
1980.5.20.	쿠데타 규탄 기자회견 도중 무장군인들에 의해 가택연금 당함. 전두환 신군부에 의해 1차 가택연금(~1981.5.1.), 정치활동 금지됨.
1981.6.9.	1980년대 민주화투쟁의 모태 '민주산악회' 발족.
1982.5.31.	2차 가택연금(~1983.5.30.).
1983.5.18.	광주 민주화운동 3주년을 맞아 민주화를 요구하며 생명을 건 무기한 단식투쟁(23일간).
1984.5.18.	'민주화추진협의회'(민추협) 발족, 공동의장 추대.
1987.5.1.	정권의 방해 속 통일민주당 창당. 총재 취임.
1987.6.26.	6·26 평화대행진 개최. 경찰버스에 연행되는 모습 전 세계에 타전.
1987.10.10.	'군정종식'을 기치로 내걸고 제13대 대통령 선거 후보 출마 공식 선언.
1987.12.16.	제13대 대통령 선거 낙선.
1988.4.26.	제13대 총선. 부산 서구에서 당선(8선).
1988.5.12.	통일민주당 전당대회. 총재 재추대.
1990.1.22.	민주당, 민정당, 공화당 3당 통합 선언.

1990.5.9.	민주자유당 전당대회에서 대표최고위원 추대.
1992.3.24.	제14대 총선 전국구로 당선(9선).
1992.5.19.	민주자유당 대통령 후보 경선 전당대회에서 대통령 후보로 선출.
1992.12.18.	대한민국 제14대 대통령 선거에서 당선
1993.2.25.	대한민국 제14대 대통령 취임, 32년 만의 문민정부 출범. 취임사에서 '변화와 개혁을 통한 신한국 건설' 선언.
1993.3.8.	하나회 출신 육군참모총장, 기무사령관 전격 교체.
1993.4.2.	하나회 출신 수방사령관, 특전사령관 전격 교체.
1993.5.24.	'5·24 숙군' 단행, 합참의장 등 12·12 사태 관련 군 장성 4명 전역 조치. 취임 3개월간 장군 18명 전역으로 군에 대한 완벽한 통제 확보. 태평양경제협의회(PBEC) 서울총회 참석, 신외교(新外交) 노선 공식 표명.
1993.8.12.	금융실명제 전격 단행, 〈금융실명제및비밀보장에관한긴급재정경제명령〉 시행. 개정 〈공직자윤리법〉에 따라 대통령과 가족 재산 16억 4천 5백만 원 공개.
1993.9.7.	〈공직자윤리법〉에 따라서 고위공직자 1,167명 재산 공개.
1994.6.18.	김일성이 미국의 카터 전 대통령을 통해 제의한 남북정상회담 제의 수락.
1994.6.28.	판문점 예비 접촉, 7월 25일~27일 평양에서 남북정상회담 합의.

1994.7.9.	김일성 사망. 남북정상회담 무산.
1995.6.27.	4대 지방선거 실시, 5·16 군사쿠데타로 중단된 지방자치제가 34년 만에 전면 부활.
1995.7.1.	부동산실명제 본격 실시.
1995.11.16	노태우 전 대통령, 재임 중 2천여억 원 뇌물수수 혐의로 구속 수감.
1995.12.3.	전두환 전 대통령, 군 형법상 반란수괴 등 혐의로 구속. 노태우 추가기소.
1997.12.3.	IMF와 550억 달러 규모의 긴급자금 지원 최종 합의.
1997.12.18.	제15대 대통령 선거. 김대중 후보가 39만여 표 차이로 당선.
1997.12.22.	전두환, 노태우 전 대통령 사면.
1998.2.24.	제14대 대통령 퇴임. "영광의 시간은 짧았지만 고통과 고뇌의 시간은 길었습니다."
2015.11.22.	향년 88세로 서거.

김대중 제15대 대통령 주요 연표

1924. 1. 6.	전남 무안군(현 신안군) 하의면 후광리에서 출생. 일제 징병을 피하기 위해 1925년 12월 3일로 출생 등록.
1943. 12. 23.	목포공립상업학교 졸업.
1944. 5.	전남 기선주식회사에 취업, 이후 회사 관리인으로 회사 경영 등 청년 사업가로 활동.
1945. 4. 9.	차용애(車容愛) 여사와 결혼, 슬하에 홍일과 홍업 두 아들을 둠.
1948 후반	1947년부터 경영을 시작한 '목포해운공사'의 상호를 '동양해운'으로 변경, 한국전쟁 직전 70톤급 2척, 50톤급 1척 등 선박 3척 보유.
1950. 9. 28.	공산군에 체포되어 목포형무소에서 총살 직전 탈출.
1950. 10.	〈목포일보〉 인수하여 1952년 3월까지 사장으로 재임.
1952. 5. 25.	'부산 정치 파동'으로 반독재 민주화 위하여 정계 진출 결심.
1954. 5. 20.	제3대 총선, 무소속으로 목포에 출마해 낙선.
1956. 6. 2.	명동성당 노기남 대주교실에서 김철규 신부의 집전으로 영세 받음. 대부는 장면 박사, 세례명 '토머스 모어'.

1959.6.5.	제4대 총선, 강원도 인제 재선거에서 낙선.
1959.8.28.	차용애 여사 병사.
1961.5.13.	제5대 총선 보궐선거 출마, 강원도 인제에서 당선, 5·16 군사쿠데타로 국회의원 선서조차 무산.
1962.5.10.	이희호(李姬鎬) 여사와 재혼, 슬하에 홍걸을 둠.
1963.11.26.	제6대 총선, 목포에 출마해 당선(재선).
1967.2.7.	신민당 창당, 대변인으로 활동.
1967.6.8.	제7대 총선, 목포에서 당선(3선).
1970.9.29.	신민당 전당대회에서 제7대 대통령 후보로 선출.
1971.4.18.	장충단 공원에서 대통령 선거 유세.
1971.4.27.	제7대 대통령 선거, 낙선 94만여 표 차이로 2위.
1971.5.24.	제8대 총선 신민당 후보 지원 유세차 지방 순회 중 무안에서 의문의 교통사고 당함.
1971.5.25.	제8대 총선, 전국구 의원으로 당선(4선).
1972.10.18.	신병 치료차 일본 체류 중 유신 선포, 유신 반대 성명 발표 후 망명생활 시작.
1973.8.8.	'도쿄 납치 살해 미수 사건' 발생, 중앙정보부 요원에 의해 일본 그랜드호텔에서 납치당해 수장될 위기에서 극적으로 생환.
1973.8.13.	귀국 후 동교동 자택에서 가택연금, 일체의 정치 활동 금지.
1976.3.1.	윤보선, 정일형, 함석헌, 문익환 등 재야 민주 지도자들과 함께 '3·1 민주구국선언' 주도.
1976.3.10.	'3·1 민주구국선언'으로 서울구치소에 구속 수감.
1977.3.22.	대법원에서 징역 5년, 자격정지 5년형 확정.

1978. 12. 27.	옥고 2년 10개월 만에 형 집행정지로 가석방, 장기 가택연금.
1979. 12. 8.	긴급조치 9호 해제, 가택연금에서 해제.
1980. 5. 16.	김영삼 신민당 총재와 공동 기자회견, 시국 수습 6개항(계엄령 해제, 정치범 석방 등) 제시.
1980. 5. 17.	신군부의 비상계엄령 전국 확대 조치로 동교동 자택에서 연행.
1980. 9. 11.	'내란 음모 사건' 결심 공판에서 '내란 음모' 혐의로, 〈국가보안법〉, 〈계엄법〉, 〈반공법〉, 〈외국환관리법〉 위반에 따라 군 검찰 사형 구형.
1980. 9. 17.	군사 재판에서 사형 선고.
1981. 1. 23.	대법원 전원합의체는 '내란 음모 사건' 상고심에서 사형 확정, 그러나 1시간 뒤에 열린 국무회의에서 무기형으로 감형.
1982. 3. 2.	무기에서 20년으로 감형.
1982. 12. 23.	형 집행정지로 석방, 신병 치료차 미국 워싱턴으로 출국.
1983. 1. 31	〈뉴스위크〉지 회견, 한국 민주화와 인권 상황에 대한 입장 표명.
1985. 2. 8.	망명 2년 2개월 만에 귀국, 가택연금. 1987년 6월까지 총 55회 가택연금 당해.
1985. 3. 18.	김영삼과 민추협 공동의장직에 취임.
1985. 11.	《대중경제론》(영어판), 《행동하는 양심으로》 출간.
1987. 4. 6.	김영삼과 신당 창당 선언.

1987.4.8.	78일간 가택연금.
1987.7.10.	민정당 노태우 대표 '6·29 선언'으로 사면 복권.
1987.11.12.	평화민주당 창당, 대통령 후보 지명 전당대회에서 당 총재 및 제13대 대통령 후보로 추대.
1987.12.16.	제13대 대통령 선거, 낙선.
1988.4.26.	제13대 총선, 전국구 의원으로 당선(5선).
1988.5.18.	야 3당 총재 회담, 5공 비리 조사, 광주 학살 진상 규명 등 5개항 합의.
1990.7.27.	평민당 전당대회에서 총재로 재선출.
1990.10.8.	'지방자치제 실시, 내각제 포기, 보안사 해체' 등 요구하며 13일간 단식투쟁.
1991.4.9.	이우정 등 재야 구(舊)야권 출신 등 영입해 신민주연합당(신민당) 창당.
1991.9.10.	이기택 민주당 총재와 신민당-민주당 통합 선언.
1992.3.24.	제14대 총선, 전국구 의원으로 당선(6선).
1992.5.26.	민주당 전당대회에서 제14대 대통령 후보로 지명.
1992.12.18.	제14대 대통령 선거에서 낙선.
1992.12.19.	정계 은퇴 선언.
1993.1.26.	영국으로 출국, 케임브리지대학 객원연구원으로 연구활동 시작.
1993.7.4.	영국에서 귀국.
1995.7.13.	정계 복귀 선언.
1995.9.5.	새정치국민회의 창당.
1997.5.19.	새정치국민회의 전당대회에서 제15대 대통령 후보로 선출.

1997. 10. 27.	김종필 자유민주연합 총재와 후보단일화에 합의.
1997. 12. 18.	대한민국 제15대 대통령 선거에서 당선.
1997. 12. 20.	김영삼 대통령과의 회담에서 전두환, 노태우 두 전직 대통령의 특별 사면 복권에 합의.
1998. 2. 25.	제15대 대통령에 취임.
2000. 1. 20.	새천년민주당 창당, 총재에 취임.
2000. 6. 13~15.	분단 55년 만에 평양에서 남북정상회담 개최, 6·15 남북공동선언 발표.
2000. 12. 10.	노벨평화상 수상.
2001. 8. 23.	당초 계획보다 3년 앞당겨 IMF 졸업.
2003. 2. 24.	제15대 대통령 퇴임 후 동교동으로 복귀.
2003. 5. 10.	신촌 연세대 세브란스병원에서 심혈관 확장 수술.
2003. 11. 3.	연세대 김대중도서관 개관.
2004. 1. 29.	'1980년 김대중 내란 음모 사건' 재심 선고, 사형 선고 받은 지 23년 만에 무죄 선고.
2009. 5. 29.	고(故) 노무현 대통령 영결식에 헌화, 분향.
2009. 7. 13.	폐렴 증상으로 연세대 세브란스병원에 입원.
2009. 8. 18.	향년 85세로 서거.

김종필 제 11, 31대 국무총리 주요 연표

1926. 1. 7.	충청남도 부여군 외산면 반교리에서 출생, 김상배 · 이정훈 부부의 7남 중 5남.
1940	부여공립보통학교 졸업.
1945. 3.	공주고등보통학교 졸업.
1945	대전사범학교 입학.
1946	경성사범학교(같은 해 서울대 사범대학으로 통합)에 입학.
1948	서울대 교육학과 수료.
1949. 5.	대한민국 육군사관학교 8기 졸업.
1949. 12.	육군본부 정보국 중위로 근무. 한국전쟁에 참전.
1951. 1.	박정희의 조카 박영옥과 결혼.
1951	제 1차 도미, 유학 장교단 150인에 선발, 조지아 포트베닝의 미국 육군보병학교에 입교.
1956	대한민국 육군보병학교 졸업.
1960. 8. 24.	석정선 중령과 장면 국무총리에게 정군을 서면으로 요청.
1961. 2.	항명파동으로 구속, 육군 중령 예편.
1961. 5. 16.	다시 육군 중령으로 현역 복귀하여 5 · 16 군사 쿠데타에 참여.
1961. 5.	중앙정보부 창설, 제 1대 중앙정보부장에 임명 (~1963. 01).

1962. 11. 12.	한일회담을 조속히 타결 지으려는 군사정부의 특명으로 일본 외상 오히라와 대일청구권문제 비밀회담 결과 합의사항을 메모로 교환함.
1963. 2.	정구영 등과 함께 민주공화당 창당. '4대 의혹사건'으로 정계 은퇴, 일본으로 외유
1963. 11. 26.	제 6대 총선. 충남 부여군에서 당선 (초선).
1963. 12. 2.	제 3대 민주공화당 의장에 선출.
1964. 2.	굴욕적인 한일회담을 반대하는 학생 시위로 '김종필 · 오히라 메모' 책임지고 또다시 2차 외유.
1964. 6. 5.	제 3대 민주공화당 의장에서 사퇴.
1965. 12. 27.	제 5대 민주공화당 의장에 선출.
1967. 6. 8.	제 7대 총선, 충남 부여군에서 당선 (재선).
1968. 5. 30.	제 5대 민주공화당 의장 및 국회의원 사퇴.
1971. 3.	초대 민주공화당 부총재로 선출.
1971. 5. 25.	제 8대 총선, 전국구 (3선).
1971. 5.	제 11대 국무총리에 선임.
1973. 2. 27.	제 9대 총선, 통일주체국민회의에서 선출 (4선).
1975. 12. 18.	제 11대 국무총리직에서 경질.
1978. 12. 12.	제 10대 총선, 충남 부여 · 서천 · 보령에서 당선 (5선).
1979. 11. 14.	민주공화당 당무회의에서 만장일치로 제 4대 총재로 선출.
1980. 3. 26.	제 4대 민주공화당 총재 사퇴.

1980.5.18.	5·17 비상계엄 전국 확대와 함께 보안사에 체포 감금. 신군부가 김종필 등 10여 명을 유신 시대 부정축재자로 발표.
1980.6.	재산을 헌납하고 정계 은퇴.
1980.9	미국에서 은둔 생활.
1987	정계 복귀.
1987.8	제13대 대통령 선거 출마 선언.
1987.10.30.	민주공화당과 유정회의 후신 국민당을 흡수, 신민주공화당 창당, 총재 겸 대통령 선거 후보로 추대.
1987.12.16.	제13대 대통령 선거 결과 4위로 낙선.
1988.4.26.	제13대 총선, 충남 부여군에서 당선(6선).
1990.1.	집권 여당인 민주정의당, 제2야당인 통일민주당과 3당 합당으로 민주자유당(민자당) 창당, 민주자유당 최고위원직에 선출.
1992.3.24.	제14대 총선, 충남 부여군에서 당선(7선).
1992.8.28.	제2대 민주자유당 대표최고위원(~1995.1.19.).
1995.2.	민주자유당 탈당.
1995.3.30.	자유민주연합 창당 및 제1대 총재로 추대.
1996.04.11.	제15대 총선, 충남 부여군에서 당선(8선).
1997.6.24.	제2대 자유민주연합 총재로 추대 및 제15대 대통령 선거 후보로 선출.
1997.12.	선거 막바지 'DJP(김대중, 김종필) 단일화 연합' 성사. 김대중 대통령 당선.
1998.8.18.	제31대 대한민국 국무총리(~2000.1.12.).

2000. 4. 13.	제16대 총선, 비례대표로 당선(9선).
	자유민주연합 17석으로 원내교섭단체 구성 실패.
2001. 9.	임동원 통일부 장관 해임안 가결로 김대중 정부와
	결별.
2001. 10. 9.	제4대 자유민주연합 총재로 추대.
2004. 4. 15.	제17대 총선에서 10선 실패, 자유민주연합당은
	지역구에서 4석 획득.
2004. 4. 19.	제4대 자유민주연합 총재에서 사퇴,
	정계 은퇴 선언.
2008. 12. 15.	뇌졸중으로 쓰러져 입원하여 재활치료.
2018. 6. 23.	향년 92세로 서거.

저자소개

김인규 (金仁圭)

1950년생으로 서울대 문리과대학 정치학과를 졸업하고, 성균관대에
서 언론학 박사학위를 받았다. 1973년 국영방송국이었던 KBS가 공
영방송인 한국방송공사로 바뀔 때 기자(공채 1기)로 입사해, KBS에
서 정치부장과 워싱턴 특파원, 보도국장, 부산방송총국장, 정책기
획국장, 뉴미디어본부장 등 30년간 주요보직을 두루 거쳤다.
그 후 KBS 비상임이사로 활동하면서 고려대 언론대학원 석좌교수와
성균관대 언론정보대학원 석좌교수로서 공영방송 관련 강의도 했다.
2008년 한국디지털미디어산업협회 초대 회장을 맡아 국내 IPTV 방
송의 문을 연 뒤, 2009년 KBS 19대 사장으로 부임하면서 한국방송
협회장과 ABU 아시아태평양방송연맹 회장 등을 겸임하기도 했다.
2017년 6월부터 2021년 5월까지 경기대 총장으로 임기 4년을 마쳤으
며, 현재 한국장애인재활협회 회장으로 봉사활동을 계속하고 있다.